U0805152

网络教学设计与软件开发应用

毛京宇　杨顺弟　纪二娟　著

吉林科学技术出版社

图书在版编目（CIP）数据

网络教学设计与软件开发应用 / 毛京宇，杨顺弟，纪二娟著. -- 长春 : 吉林科学技术出版社，2020.12

ISBN 978-7-5578-7893-1

Ⅰ. ①网… Ⅱ. ①毛… ②杨… ③纪… Ⅲ. ①网络教学—教学设计②网络教学—应用软件—软件开发 Ⅳ. ①G434

中国版本图书馆 CIP 数据核字（2020）第 216022 号

网络教学设计与软件开发应用

WANGLUO JIAOXUE SHEJI YU RUANJIAN KAIFA YINGYONG

著　　者　毛京宇　杨顺弟　纪二娟
出 版 人　宛　霞
责任编辑　丁　硕
封面设计　李　宝
制　　版　张　凤
幅面尺寸　185mm×260mm
开　　本　16
字　　数　220 千字
页　　数　160
印　　张　10
版　　次　2020 年 12 月第 1 版
印　　次　2020 年 12 月第 1 次印刷

出　　版　吉林科学技术出版社
发　　行　吉林科学技术出版社
地　　址　长春市福祉大路 5788 号
邮　　编　130118
发行部电话 / 传真　0431—81629529　81629530　81629531
81629532　81629533　81629534
储运部电话　0431—86059116
编辑部电话　0431—81629520
印　　刷　北京宝莲鸿图科技有限公司

书　　号　ISBN 978-7-5578-7893-1

定　　价　55.00 元

版权所有　翻印必究　举报电话：0431—81629508

前　言

随着现代科学技术的迅速发展，信息技术的应用越来越广泛。信息技术建设是高等教育推进教育改革、提高教育质量的重要工具，其建设水平已成为衡量高校教学运行水平的关键指标之一。因此，正确使用在线课程教学平台开展各种教育模式的研究和探索，已经成为不断提高高校信息技术建设教育质量和办学水平的重要问题。在信息技术时代，在线教育不再是一个鲜为人知的术语，并且随着在线课程的开发和在线课程平台的使用，传统教育模式正在发生着巨大的变化。在课程改革和计算机软件开发技术发展迅猛的新形势下，教师巧妙利用现代在线教育平台有效解决教育矛盾，不断提高学生的学习能力，充分的改善并完成更完整的教育任务。

计算机网络教育软件可以使用计算机作为载体，创建适用于实现教育系统功能的环境，并同时考虑到学生在移动多媒体设计中的操作习惯和使用要求。例如，在网络教育环境中，首先，建立适当的智能手机操作环境，以满足在不同环境中学生的各种学习需求。其次，还可以结合软件运营平台，针对网络运营环境中资源的使用，分析不同环境下的运行和使用情况；最后，通过强化实现最终控制的学习积极性，为高校教学提供稳定的环境教学任务。

计算机软件开发视角下的网络教学平台是促进高校教学理论与实践紧密结合的一项重大的高科技举措。教师通过深入分析理论教育与实验教学的教学特点，不断学习和更新教学方法，并采用新思路，坚持不断培养学生的创新意识和创新能力，以保证自己在适应快速发展的计算机网络教学的同时，培养出更多更有利于社会的全面发展的高科技应用型人才。

笔者在撰写本书的过程中，借鉴了许多前人的研究成果，在此表示衷心的感谢。

目　录

第一章　计算机网络前沿理论研究

第一节　计算机理论中的毕达哥拉斯主义

现代计算机理论源于古希腊毕达哥拉斯主义和柏拉图主义，是毕达哥拉斯数学自然观的产物。计算机结构体现了数学助发现原则。现代计算机模型体现了形式化、抽象性原则。自动机的数学、逻辑理论都是寻求计算机背后的数学核心顽强努力的结果。

现代计算机理论不仅包含计算机的逻辑设计，还包含后来的自动机理论的总体构想与模型（自动机是一种理想的计算模型，即一种理论计算机，通常它不是指一台实际运作的计算机，但是按照自动机模型，可以制造出实际运作的计算机）。现代计算机理论是高度数字化、逻辑化的。如果探究现代计算机理论思想的哲学方法论源泉，我们可以发现，它是源于古希腊毕达哥拉斯主义和柏拉图主义的，是毕达哥拉斯数学自然观的产物，下面我将对此做些探讨。

一、毕达哥拉斯主义的特点

毕达哥拉斯主义是由毕达哥拉斯学派所创导的数学自然观的代名词。数学自然观的基本理念是“数乃万物之本原”。具体地说，毕达哥拉斯主义者认为：“‘数学和谐性’是关于宇宙基本结构的知识的本质核心，在我们周围自然界那种富有意义的秩序中，必须从自然规律的数学核心中寻找它的根源。换句话说，在探索自然定律的过程中，‘数学和谐性’是有力的启发性原则。”

毕达哥拉斯主义的内核是唯有通过数和形才能把握宇宙的本性。毕达哥拉斯的弟子菲洛劳斯说过：“一切可能知道的事物，都具有数，因为没有数而想象或了解任何事物是不可能的。”毕达哥拉斯学派把适合于现象的抽象的数学上的关系，当作事物何以如此的解释，即从自然现象中抽取现象之间和谐的数学关系。“数学和谐性”假说具有重要的方法论意义和价值。因此，“如果和谐的宇宙是由数构成的，那么自然的和谐就是数的和谐，自然的秩序就是数的秩序”。

这种观念令后世科学家不懈地去发现自然现象背后的数量秩序，不仅对自然规律作出定性描述，还作出定量描述，取得了一次次重大的成功。

柏拉图发展了毕达哥拉斯主义的数学自然观。在《蒂迈欧篇》中，柏拉图描述了由几何和谐组成的宇宙图景，他试图表明，科学理论只有建立在数量的几何框架上，才能揭示瞬息万变的现象背后永恒的结构和关系。柏拉图认为自然哲学的首要任务，在于探索隐藏在自然现象背后的可以用数和形来表征的自然规律。

二、现代计算机结构是数学启发性原则的产物

1945 年，题为《关于离散变量自动电子计算机的草案》（EDVAC）的报告具体地介绍了制造电子计算机和程序设计的新思想。1946 年 7、8 月间，冯·诺伊曼和赫尔曼·戈德斯汀、亚瑟·勃克斯在 EDVAC 方案的基础上，为普林斯顿大学高级研究所研制 IAS 计算机时，又提出了一个更加完善的设计报告——《电子计算机逻辑设计初探》。以上两份既有理论又有具体设计的文件，首次在世界上掀起了一股“计算机热潮”，它们的综合设计思想标志着现代电子计算机时代的真正开始。

这两份报告确定了现代电子计算机的范式由以下几部分构成：（1）运算器；（2）控制器；（3）存储器；（4）输入；（5）输出。就计算机逻辑设计上的贡献，第一台计算机 ENIAC 研究小组组织者戈德斯汀曾这样写道：“就我所知，冯·诺伊曼是第一个把计算机的本质理解为是行使逻辑功能，而电路只是辅助设施的人。他不仅是这样理解的，而且详细精确地研究了这两个方面的作用以及相互的影响。”

计算机逻辑结构的提出与冯·诺伊曼把数学和谐性、逻辑简单性看作是一种重要的启发原则是分不开的。在 20 世纪 30-40 年代，申农的信息工程、图灵的理想计算机理论、匈牙利物理学家奥特维对人脑的研究以及麦卡洛克 - 皮茨的论文《神经活动中思想内在性的逻辑演算》引发了冯·诺伊曼对信息处理理论的兴趣，他关于计算机的逻辑设计的思想深受麦卡洛克和皮茨的启发。

1943 年麦卡洛克 - 皮茨《神经活动中思想内在性的逻辑演算》一文发表后，他们把数学规则应用于大脑信息过程的研究给冯·诺伊曼留下了深刻的印象。该论文用麦卡洛克在早期对精神粒子研究中发展出来的公理规则，以及皮茨从卡尔纳普的逻辑演算和罗素、怀特海《数学原理》发展出来的逻辑框架，表征了神经网络的一种简单的逻辑演算方法。他们的工作使冯·诺伊曼看到了将人脑信息过程数学定律化的潜在可能。“当麦卡洛克和皮茨继续发展他们的思想时，冯·诺伊曼开始沿着自己的方向独立研究，使他们的思想成为其自动机逻辑理论的基础”。

在《控制与信息严格理论》（Rigorous Theories of Control and Information）一文的开头部分，冯·诺伊曼讨论了麦卡洛克 - 皮茨《神经活动中思想内在性的逻辑演算》以及图灵在通用计算机上的工作，认为这些想象的机器都是与形式逻辑共存的，也就是说，自动机所能做的都可以用逻辑语言来描述，反之，所有能用逻辑语言严格描述的也可以由自动机来做。他认为麦卡洛克 - 皮茨是用一种简单的数学逻辑模型来讨论人的神经系统，而不

是局限于神经元真实的生物与化学性质的复杂性。相反，神经元被当作一个“黑箱”，只研究它们输入、输出讯号的数学规则以及神经元网络结合起来进行运算、学习、存储信息、执行其他信息的过程任务。冯·诺伊曼认为麦卡洛克 - 皮茨运用了数学中公理化方法，是对理想细胞而不是真实的细胞做出研究，前者比后者更简洁，理想细胞具有真实细胞的最本质特征。

在冯·诺伊曼 1945 年有关 EDVAC 机的设计方案中，所描述的存储程序计算机便是由麦卡洛克和皮茨设想的“神经元”（neurons）所构成，而不是从真空管、继电器或机械开关等常规元件开始。受麦卡洛克和皮茨理想化神经元逻辑设计的启发，冯·诺伊曼设计了一种理想化的开关延迟元件。这种理想化计算元件的使用有以下两个作用：（1）它能使设计者把计算机的逻辑设计与电路设计分开。在 ENIAC 的设计中，设计者们也提出过逻辑设计的规则，但是这些规则与电路设计规则相互联系、相互纠结。有了这种理想化的计算元件，设计者就能把计算机的纯逻辑要求（如存储和真值函项的要求）与技术状况（材料和元件的物理局限等）所提出的要求区分开来考虑。（2）理想化计算元件的使用也为自动机理论的建立奠定了基础。理想化元件的设计可以借助数理逻辑的严密手段来实现，能够抽象化、理想化。

冯·诺伊曼的朋友兼合作者乌拉姆也曾这样描述他：“冯·诺伊曼是不同的。他也有几种十分独特的技巧，（很少有人能具有多于 2、3 种的技巧。）其中包括线性算子的符号操作。他也有一种对逻辑结构和新数学理论的构架、组合超结构的，捉摸不定的‘普遍意义下’的感觉。在很久以后，当他变得对自动机的可能性理论感兴趣时，当他着手研究电子计算机的概念和结构时，这些东西被派了用处。”

三、自动机模型中体现的抽象化原则

现代自动机模型也体现了毕达哥拉斯主义的抽象性原则。在《自动机理论：构造、自繁殖、齐一性》（The Theory of Automata：construction，Reproduction，Homogenenity，1952-1953）这部著作中，计算机研究者们提出了对自动机的总体设想与模型，一共设想了五种自动机模型：动力模型（kinematic model）、元胞模型（cellular model）、兴奋 - 阈值 - 疲劳模型（excitation-threshhold-fatigue）、连续模型（continuous model）和概率模型（probabilistic model）。为了后面的分析，我们先简要地介绍这五个模型。

第一个模型是动力模型。动力模型处理运动、接触、定位、融合、切割、几何动力问题，但不考虑力和能量。动力模型最基本的成分是：储存信息的逻辑（开关）元素与记忆（延迟）元素、提供结构稳定性的梁（girder）、感知环境中物体的感觉元素、使物体运动的动力元素、连接和切割元素。这类自动机有八个组成部分：刺激器官、共生器官（coincidence organ）、抑制器官（inhibitory organ）、刺激生产者、刚性成员（rigid members）、融合器官（fusing organ）、切割器官（cutting organ）、肌肉。其中四个部分用来完成逻辑与信息处理过程：刺激器官接受并传输刺激，它分开接受刺激，即实现“p 或 q”的真值；共生器官实现“p 和 q”的真值；抑制器官实现“p 和劭 q”的真值；刺激生产者提供刺激源。刚性成员为建构自动机提供刚性框架，它们不传递刺激，可以与同类成员相连接，也可以与非刚性成员相连接，这些连接由融合器官来完成。当这些器官被刺激时，融合器官把它们连接在一起，这些连接可以被切割器官切断。第八个部分是肌肉，用来产生动力。

第二个模型是元胞模型。在该模型中，空间被分解为一个个元胞，每个元胞包含同样的有限自动机。冯·诺伊曼把这些空间称之为“晶体规则”（crystalline regularity）、“晶体媒介”（crystalline medium）、“颗粒结构”（granular structure）以及“元胞结构”（cellular structure）。对于自繁殖（self-reproduction）的元胞结构形式，冯·诺伊曼选择了正方形的元胞无限排列形式。每个元胞拥有 29 态有限自动机。每个元胞直接与它的四个相邻元胞以延迟一个单位时间交流信息，它们的活动由转换规则来描述（或控制）。29 态包含 16 个传输态（transmission state）、4 个合流态（confluent state）、1 个非兴奋态、8 个感知态。

第三个模型是兴奋 - 阈值 - 疲劳模型，它建立在元胞模型的基础上。元胞模型的每个元胞拥有 29 态，冯·诺伊曼模拟神经元胞拥有疲劳和阈值机制来构造 29 态自动机，因为疲劳在神经元胞的运作中起了重要的作用。兴奋 - 阈值 - 疲劳模型比元胞模型更接近真正的神经系统。一个理想的兴奋 - 阈值 - 疲劳神经元胞有指定的开始期及不应期。不应期分为两个部分：绝对不应期和相对不应期。如果一个神经元胞不是疲劳的，当激活输入值等于或超过其临界点时，它将变得兴奋。当神经元胞兴奋时，将发生两种状况：（1）在一定的延迟后发出输出信号、不应期开始，神经元胞在绝对不应期内不能变得兴奋；（2）当且仅当激活输入数等于或超过临界点，神经元胞在相对不应期内可以变得兴奋。当兴奋 - 阈值 - 疲劳神经元胞变得兴奋时，必须记住不应期的时间长度，用这个信息去阻止输入刺激对自身的平常影响。于是这类神经元胞并用开关、延迟输出、内在记忆以及反馈信号来控制输入讯号，这样的装置实际上就是一台有限自动机。

第四个模型是连续模型。连续模型以离散系统开始，以连续系统继续，先发展自增殖的元胞模型，然后划归为兴奋 - 阈值 - 疲劳模型，最后用非线性偏微分方程来描述它。自繁殖的自动机的设计与这些偏微分方程的边际条件相对应。他的连续模型与元胞模型的区别就像模拟计算机与数字计算机的区别一样，模拟计算机是连续系统，而数字计算机是离散系统。

第五个模型是概率模型。研究者们认为自动机在各种态（state）上的转换是概率的而不是决定的。在转换过程有产生错误的概率，发生变异，机器运算的精确性将降低。《概率逻辑与从不可靠元件到可靠组织的综合》一文探讨了概率自动机，探讨了在自动机合成中逻辑错误所起的作用。“对待错误，不是把它当作是额外的、由于误导而产生的事故，而是把它当作思考过程中的一个基本部分，在合成计算机中，它的重要性与对正确的逻辑结构的思考一样重要”。

从以上自动机理论中可以看出，冯·诺伊曼对自动机的研究是从逻辑和统计数学的角度切入，而非心理学和生理学。他既关注自动机构造问题，也关注逻辑问题，始终把心理学、生理学与现代逻辑学相结合，注重理论的形式化与抽象化。《自动机理论：建造、自繁殖、齐一性》开头第一句话就这样写道："自动机的形式化研究是逻辑学、信息论以及心理学研究的课题。单独从以上某个领域来看都不是完整的。所以要形成正确的自动机理论必须从以上三个学科领域吸收其思想观念。"他对自然自动机和人工自动机运行的研究，都为自动机理论的形式化、抽象化部分提供了经验素材。

冯·诺伊曼在提出动力学模型后，对这个模型并不满意，因为该模型仍然是以具体的原材料的吸收为前提，这使得详细阐明元件的组装规则、自动机与环境之间的相互作用以及机器运动的很多精确的简单规则变得非常困难，这让冯·诺伊曼感到，该模型没有把过程的逻辑形式和过程的物质结构很好地区分开来。作为一个数学家，冯·诺伊曼想要的是完全形式化的抽象理论，他与著名的数学家乌拉姆探讨了这些问题，乌拉姆建议他从元胞的角度来考虑。冯·诺伊曼接受了乌拉姆的建议，于是建立了元胞自动机模型。该模型既简单抽象，又可以进行数学分析，很符合冯·诺伊曼的意愿。

冯·诺伊曼是第一个把注意力从研究计算机、自动机的机械制造转移到逻辑形式上的计算机专家，他用数学和逻辑的方法揭示了生命的本质方面——自繁殖机制。在元胞自动机理论中，他还研究了自繁殖的逻辑，并天才地预见到，自繁殖自动机的逻辑结构在活细胞中也存在，这都体现了毕达哥拉斯主义的数学理性。冯·诺伊曼最先把图灵通用计算机概念扩展到自繁殖自动机，他的元胞自动机模型，把活的有机体设想为自繁殖网络并第一次提出为其建立数学模型，也体现了毕达哥拉斯主义通过数和形来把握事物特征的思想。

四、自动机背后的数学和谐性追求

自动机的研究工作基于古老的毕达哥拉斯主义的信念——追求数学和谐性。冯·诺伊曼在早期的计算机逻辑和程序设计的工作中，就认识到数理逻辑将在新的自动机理论中起着非常重要的作用，即自动机需要恰当的数学理论。他在研究自动机理论时，注意到了数理逻辑与自动机之间的联系。从上面关于自动机理论的介绍中可以看出，他的第一个自增殖模型是离散的，后来又提出了一个连续模型和概率模型。从自动机背后的数学理论中可以看出，讨论重点是从离散数学逐渐转移到连续数学，在讨论了数理逻辑之后，转而讨论了概率逻辑，这都体现了研究者对自动机背后数学和谐性的追求。

在冯·诺伊曼撰写关于自动机理论时，他对数理逻辑与自动机的紧密关系已非常了解。库尔特·哥德尔通过表明逻辑的最基本的概念（如合式公式、公理、推理规则、证明）在本质上是递归的，他把数理逻辑还原为计算理论，认为递归函数是能在图灵机上进行计算的函数，所以可以从自动机的角度来看待数理逻辑。反过来，数理逻辑亦可用于自动机的分析和综合。自动机的逻辑结构能用理想的开关 - 延迟元件来表示，然后翻译成逻辑符号。

不过，冯·诺伊曼感觉到，自动机的数学与逻辑的数学在形式特点上是有所不同的。他认为现存的数理逻辑虽然有用，但对于自动机理论来说是不够的。他相信一种新的自动机逻辑理论将兴起，它与概率理论、热力学和信息理论非常类似并有着紧密的联系。

20世纪40年代晚期，冯·诺伊曼在美国加州帕赛迪纳的海克森研讨班上做了一系列演讲，演讲的题目是《自动机的一般逻辑理论》，这些演讲对自动机数学逻辑理论做了探讨。在1948年9月的专题研讨会上，冯·诺伊曼在宣读《自动机的一般逻辑理论》时说道："请大家原谅我出现在这里，因为我对这次会议的大部分领域来说是外行。甚至在有些经验的领域——自动机的逻辑与结构领域，我的关注也只是在一个方面，数学方面。我将要说的也只限于此。我或许可以给你们一些关于这些问题的数学方法。"

冯·诺伊曼认为在目前还没有真正拥有自动机理论，即恰当的数理逻辑理论，他对自动机的数学与现存的逻辑学做了比较，并提出了自动机新逻辑理论的特点，指出了缺乏恰当数学理论所造成的后果。

（一）自动机数学中使用分析数学方法，而形式逻辑是组合的

自动机数学中使用分析数学方法有方法论上的优点，而形式逻辑是组合的。"搞形式逻辑的人谁都会确认，从技术上讲，形式逻辑是数学上最难驾驭的部分之一。其原因在于，它处理严格的全有或全无概念，它与实数或复数的连续性概念没有什么联系，即与数学分析没有什么联系。而从技术上讲，分析是数学最成功、最精致的部分。因此，形式逻辑由于它的研究方法与数学的最成功部分的方法不同，因而只能成为数学领域的最难的部分，只能是组合的"。

冯·诺伊曼指出，比起过去和现在的形式逻辑（指数理逻辑）来，自动机数学的全有或全无性质很弱。它们组合性极少，分析性却较多。事实上，有大量迹象可使我们相信，这种新的形式逻辑系统（按：包含非经典逻辑的意味）接近于别的学科，这个学科过去与逻辑少有联系。也就是说，具有玻尔兹曼所提出的那种形式的热力学，它在某些方面非常接近于控制和测试信息的理论物理学部分，多半是分析的，而不是组合的。

（二）自动机逻辑理论是概率的，而数理逻辑是确定性的

冯·诺伊曼认为，在自动机理论中，有一个必须要解决好的主要问题，就是如何处理自动机出现故障的概率的问题，该问题是不能用通常的逻辑方法解决的，因为数理逻辑只能进行理想化的开关-延迟元件的确定性运算，而没有处理自动机故障的概率的逻辑。因此，在对自动机进行逻辑设计时，仅用数理逻辑是不够的，还必须使用概率逻辑，把概率逻辑作为自动机运算的重要部分。冯·诺伊曼还认为，在研究自动机的功能上，必须注意形式逻辑以前从没有出现的状况。既然自动机逻辑中包含故障出现的概率，那么我们就应该考虑运算量的大小。数理逻辑通常考虑的是，是不是能借助自动机在有穷步骤内完成运算，而不考虑运算量有多大。但是，从自动机出现故障的实际情况来看，运算步骤越多，出故

障（或错误）的概率就越大。因此，在计算机的实际应用中，我们必须要关注计算量的大小。在冯·诺伊曼看来，计算量的理论和计算出错的可能性既涉及连续数学，又涉及离散数学。

“就整个现代逻辑而言，唯一重要的是一个结果是否在有限几个基本步骤内得到。而另一方面形式逻辑不关心这些步骤有多少。无论步骤数是大还是小，它不可能在有生的时间内完成，或在我们知道的星球宇宙设定的时间内不能完成，也没什么影响。在处理自动机时，这个状况必须做有意义的修改”。

就一台自动机而言，不仅在有限步骤内要达到特定的结果，而且还要知道这样的步骤需要多少步，这有两个原因：第一，自动机被制造是为了在某些提前安排的区间里达到某些结果；第二，每个单独运算中，采用的元件的大小都有失败的可能性，而不是零概率。在比较长的运算链中，个体失败的概率加起来可以（如果不检测）达到一个单位量级——在这个量级点上它得到的结果完全不可靠。这里涉及的概率水平十分低，而且在一般技术经验领域内排除它也并不是遥不可及。如果一台高速计算机器处理一类运算，必须完成1012单个运算，那么可以接受的单个运算错误的概率必须小于10-12。如果每个单个运算的失败概率是10-8量级，当前认为是可接受的，如果是10-9就非常好。高速计算机器要求的可靠性更高，但实际可达到的可靠性与上面提及的最低要求相差甚远。

也就是说，自动机的逻辑在两个方面与现有的形式逻辑系统不同：

（1）“推理链”的实际长度，也就是说，要考虑运算的链。

（2）逻辑运算（三段论、合取、析取、否定等在自动机的术语里分别是门[gating]、共存、反-共存、中断等行为）必须被看作是容纳低概率错误（功能障碍）而不是零概率错误的过程。

所有这些，重新强调了前面所指的结论：我们需要一个详细的、高度数字化的、更典型、更具有分析性的自动机与信息理论。缺乏自动机逻辑理论是一个限制我们的重要因素。如果我们没有先进而且恰当的自动机和信息理论，我们就不可能建造出比我们现在熟知的自动机具有更高复杂性的机器，就不太可能产生更具有精确性的自动机。

以上是冯·诺伊曼对现代自动机理论数学、逻辑理论方法的探讨。他用数学和逻辑形式的方法揭示了自动机最本质的方面，为计算机科学特别是自动机理论奠定了数学、逻辑基础。总之，冯·诺伊曼对自动机数学的分析开始于数理逻辑，并逐渐转向分析数学，转向概率论，最后讨论了热力学。通过这种分析建立的自动机理论，能使我们把握复杂自动机的特征，特别是人的神经系统的特征。数学推理是由人的神经系统实施的，而数学推理借以进行的“初始”语言类似于自动机的初始语言。因此，自动机理论将影响逻辑和数学的基本概念，这是很有可能的。冯·诺伊曼说：“我希望，对神经系统所做的更深入的数学研讨……将会影响我们对数学自身各个方面的理解。事实上，它将会改变我们对数学和逻辑学的固有的看法。”

现代计算机的逻辑结构以及自动机理论中对数学、逻辑的种种探讨，都是寻求计算机背后的数学核心的顽强努力。数学助发现原则以及逻辑简单性、形式化、抽象化原则都在计算机研究中得到了充分的应用，这都体现了毕达哥拉斯主义数学自然观的影响。

第二节　计算机软件的应用理论

随着时代的进步，科技的革新，我国在计算机领域已经取得了很大的成就，网络技术的应用给人类社会的发展带来了巨大的革新，加速了现代化社会的构建速度。文章就“关于计算机软件的应用理论探讨”这一话题展开了一个深刻的探讨，详细阐述了计算机软件的应用理论，以此来强化我国计算机领域的技术人员对计算机软件工程项目创新与完善工作的重视程度，使得我国计算机领域可以正确对待关于计算机软件的应用理论研究探讨工作，从根本上掌握计算机软件的应用理论，进而增强他们对计算机软件应用理论的掌握程度，研究出新的计算机软件技术。

一、计算机软件工程

当今世界是一个趋于信息化发展的时代，网络技术的不断进步在很大程度上影响着人类的生活。计算机在未来的发展中将会更加趋于智能化发展，智能化社会的构建将会给人们带来很多新的体验。而计算机软件工程作为计算机技术中比较重要的一个环节，肩负着重大的技术革新使命，目前，计算机软件工程技术已经在我国的诸多领域中得到了应用，并发挥了巨大的作用，该技术工程的社会效益和经济效益的不断提高将会从根本上促进我国总体的经济发展水平的提升。总的来说，我国之所以要开展计算机软件工程管理项目，其根本原因在于给计算机软件工程的发展提供一个更为坚固的保障。计算机软件工程的管理工作同社会上的其他项目管理工作具有较大的差别，一般的项目工程的管理工作的执行对管理人员的专业技术要求并不高，难度也处于中等水平。但计算机软件工程项目的管理工作对项目管理的相关工作人员的职业素养要求十分高，管理人员必须具备较强的计算机软件技术，能够在软件管理工作中完成一些难度较大的工作，进而维护计算机软件工程项目的正常运行。为了能够更好地帮助管理人员学习计算机软件相关知识，企业应当为管理人员开设相应的计算机软件应用理论课程，从而使其可以全方位地了解到计算机软件的相关知识。计算机软件应用理论是计算机的一个学科分系，其主要是为了帮助人们更好地了解计算机软件的产生以及用途，从而方便人们对于计算机软件的使用。在计算机软件应用理论中，计算机软件被分为了两类，其一为系统软件，第二则为应用软件。系统软件顾名思义是系统以及系统相关的插件以及驱动等所组成的。例如在我们生活中所常用的Windows7、Windows8、Windows10 以及 Linux 系统、Unix 系统等均属于系统软件的范畴，此外我们在手机中所使用的塞班系统、Android 系统以及 iOS 系统等也属于系统软件，甚至华为公司所研发的鸿蒙系统也是系统软件之一。在系统软件中不但包含诸多的电脑系统、手机系统，同时还具有一些插件。例如，我们常听说的某某系统的汉化包、扩展包等也是属于系统软件的范畴。同时，一些电脑中以及手机中所使用的驱动程序也是系统软件之一。例如，电脑中用于显示的显卡驱动、用于发声的声卡驱动和用于连接以太网、WiFi 的网卡驱动等。而应用软件则可以理解为是除了系统软件所剩下的软件。

二、计算机软件开发现状分析

虽然，随着信息化时代的到来，我国涌现出了许多的计算机软件工程相应的专业性人才，然而目前我国的计算机软件开发仍具有许多的问题。例如缺乏需求分析、没有较好的完成可行性分析等。下面，将对计算机软件开发现状进行详细分析。

（一）没有确切明白用户需求

首先，在计算机软件开发过程中最为严重的问题就是没有确切的明白用户的需求。在进行计算机软件的编译过程中，我们所采用的方式一般都是面向对象进行编程，从字面意思中我们可以明确地了解到用户的需求将对软件所开发的功能起到决定性的作用。同时，在进行软件开发前，我们也需要针对软件的功能等进行需求分析文档的建立。在这其中，我们需要考虑到本款软件是否需要开发，以及在开发软件的过程中我们需要制作怎样的功能，而这一切都取决于用户的需求。只有可以满足用户的一切需求的软件才是真正意义上的优质软件。而若是没有确切的明白用户的需求就进行盲目开发，那么在对软件的功能进行设计时将会出现一定的重复、不合理等现象。同时经过精心制作的软件也由于没有满足用户的需求而不会得到大众的认可。因此，在进行软件设计时，确切的明白用户的需求是十分必要的。

（二）缺乏核心技术

其次，在现阶段的软件开发过程中还存在有缺乏核心技术的现象。与西方一些发达国家以及美国等相比，我国的计算机领域研究开展较晚，一些核心技术也较为落后。并且，我国的大部分编程人员所使用的编程软件的源代码也都是西方国家以及美国所有。甚至开发人员的环境都是在美国微软公司所研发的 Windows 系统以及芬兰人所共享的 Linux 系统中所进行的。因此，我国的软件开发过程中存在着极为严重的缺乏核心技术的问题。这不但会导致我国所开发出的一些软件在质量上与国外的软件存在着一定的差异，同时也会使得我国所研发的软件缺少一定的创新性。这同时也是我国所研发的软件时常会出现更新以及修复补丁的现象的原因所在。

（三）没有合理地制定软件开发进度与预算

再者，我国的软件开发现状还存在没有合理地制定软件开发进度与预算的问题。在上文中，我们曾提到在进行软件设计、开发前，我们首先需要做好相应的需求分析文档。在做好需求分析文档的同时，我们还需要制作相应的可行性分析文档。在可行性分析文档中，我们需要详细地规划出软件设计所需的时间以及预算，并制定相应的软件开发进度。在制作完成可行性分析文档后，软件开发的相关人员需要严格地按照文档中的规划进行开发，否则这将会对用户的使用以及国家研发资金的投入造成严重的影响。

（四）没有良好的软件开发团队

同时，在我国的计算机软件开发现状中还存在没有良好的软件开发团队的问题。在进行软件开发时，需要详细地设计计算机软件的前端、后台以及数据库等相关方面。并且在进行前端的设计过程中也需要划分美工的设计、排版的设计以及内容和与数据库连接的设计。在后台中同时也需要区分为数据库连接、前端连接以及各类功能算法的实现和各类事件响应的生成。因此，在软件的开发过程中拥有一个良好的软件研发团队是极为必要的。这不但可以有效地帮助软件开发人员减少软件开发的所需时间，同时也可以有效地提高软件的质量，使其更加符合用户的需求。而我国的软件开发现状中就存在没有良好的软件开发团队的问题。这个问题主要是由于在我国的软件开发团队中，许多的技术人员缺乏高端软件的开发经验，同时许多的技术人员都具有相同的擅长之处。这都是造成这一问题的主要原因。同时，技术人员缺乏一定的创新性也是造成我国缺少良好的软件开发团队的主要原因之一。

（五）没有重视产品调试与宣传

在我国的软件开发现状中还存在没有重视产品的调试与宣传的问题。在上文中，曾提到过在进行软件开发工作前，我们首先需要制作可行性分析文档以及需求分析文档。在完成相应的软件开发后，我们同样需要完成软件测试文档的制作，并在文档中详细地记录在软件调试环节所使用的软件测试方法以及进行测试功能与结果。在软件测试中大致所使用的方式有白盒测试以及黑盒测试，通过这两种测试方式，我们可以详细地了解到软件中的各项功能是否可以正常运行。此外，在完成软件测试文档后，我们还需要对所开发的软件进行宣传，从而使得软件可以被众人所了解，从而充分地发挥出本软件的作用。而在我国的软件开发现状中，许多的软件开发者只注重了软件开发的过程而忽略了软件开发的测试阶段以及宣传阶段。这将会导致软件出现一定的功能性问题，例如一些功能由于逻辑错误等无法正常使用，或是其他的一些问题。而忽略了宣传阶段，则会导致软件无法被大众所了解、使用，这将会导致软件开发失去了其目的，从而造成一些科研资源以及人力资源的浪费。

三、计算机软件开发技术的应用研究

我国计算机软件开发技术主要体现在 Internet 的应用和网络通信的应用两方面。互联网技术的不断成熟，使得我国通信技术已经打破了时间空间的限制，实现了现代化信息共享单位服务平台，互联网技术的迅速发展密切了世界各国之间的联系，使得我国同其他国家直接的联系变得更加密切，加速了构建“地球村”的现代化步伐。与此同时，网络通信技术的发展也离不开计算机软件技术，计算机软件技术的不断深入发展给通信领域带来了巨大的革新，将通信领域中的信息设备引入计算机软件开发的工程作业中可以促进信息化时代数字化单位发展，从根本上加速我国整体行业领域的发展速度。相信，不久之后我国的计算机软件技术将会发展的越来越好，并逐渐向着网络化、智能化、融合化方向所靠拢。

就上文所述，可以看到当下我国计算机技术已经取得了突破性的进展，这种社会背景之下，计算机软件的种类在不断增加，多样化的计算机软件可以满足人类社会生活中的各种生活需求，使得人类社会生活能够不断趋于现代化社会发展。为了能够从根本上满足我国计算机软件工程发展中的需求，给计算机软件工程的进一步发展提供有效发展空间，当下我国必须加大对计算机软件工程项目的重视，鼓励从事计算机软件工程项目研究的技术人员不断完善自身对计算机软件的应用理论知识的掌握程度，在其内部制定出有效的管理体制，进而从根本上提高计算机软件工程项目运行的质量水平，为计算机技术领域的发展做铺垫。

第三节　计算机辅助教学理论

计算机辅助教学有利于教育改革和创新，巨大的促进了我国教育事业的发展。本节主要分析了计算机辅助教学的概念，计算机辅助教学的实践内容；计算机辅助教学对于实际教学的影响。希望对今后研究计算机辅助教学有一定的借鉴和影响。

计算机辅助教学的概念从狭义的角度来理解，就是在课堂上老师利用计算机的教学软件来对课堂内容进行设计，而学生通过老师设计的软件内容来对相关的知识进行学习。也可以理解为计算机辅助或者取代老师对学生们进行知识的传授以及相关知识的训练。同时也可以定义计算机辅助教学是利用教学软件把课堂上讲解的内容和计算机进行结合，把相关的内容用编程的方式输入给计算机，这样一来，学生在对相关的知识内容进行学习的时候，可以采用和计算机互动的方式来进行学习。老师利用计算机丰富了课堂上的教学方式，为学生创造了一个更加丰富的教学氛围，在这种氛围下，学生可以通过计算机间接的老师进行交流。我们可以理解为，计算机辅助教学是用演示的方式来进行教学，但是演示并不是计算机辅助教学的全部特点。

一、计算机辅助教学的实践内容

（一）计算机辅助教学的具体方式

在我们国家，一般学校主要采用的一种课堂教学形式就是老师面对学生进行教学，这种教学的形式已经存在了很多年，它有它存在的价值和意义。因为在老师教育学生的过程中，老师和学生的互相交流是非常重要的，学生和学生之间的互相学习也必不可少，这种人与人之间情感上的影响和互动是计算机无法取代的，所以计算机只能成为一个辅助的角色来为这种教学形式进行服务。计算机辅助教学是可以帮助课堂教学提升教学质量的，但是计算机辅助教学不一定要仅仅体现在课堂上。我们都知道老师给学生传授知识的过程分为，学生预习，老师备课，最后是课堂传授知识。在这个过程中，计算机辅助教学完全可以针对这个过程的单个环节来进行服务和帮助，例如在老师进行备课的这个环节，计算机完全可以提供一些专门的备课软件以及系统，虽然这种备课的软件服务的是老师，但是它却可以有效地提升老师备课的效率和质量，使得老师可以更好地来组织授课的内容，这其实也是从另外一个角度来对学生进行服务，因为老师的备课效率提高，最终收益的还是学生。再比如说，计算机针对学生预习和自习这个环节来进行服务和帮助，可以把老师的一些想法和考虑与计算机的相关教学软件结合起来，使得学生再利用计算机进行自习和预习的时候也得到了老师的教育。这样一来就使得学生的自习和预习的效率和质量可以得到很大的提高。

（二）无软件计算机辅助教学

利用计算进行辅助教学是需要一些专门的教学软件的，但是一些学校因为资金缺乏或者其他方面的原因，课堂上的教学软件没有得到足够的支持，一些内容没有得到及时的更新和优化。这就使得一些学校出现了利用计算机系统常用软件来进行计算机辅助教学的情况。例如一些学校利用 OFFICE 的 word 软件作为学生写作练习的辅助工具，学生利用 word 系统来进行写作练习，可以极大地提升写作的效率和质量，这样一来就可以使得学生在课堂上有更多的时间来听老师的讲解，并且在学生写作的过程中，可以更加容易保持写作的专注度，使得写作的思路更加的顺畅，在提升学生思维能力的同时，也提升了学生的打字能力，促进了学生综合能力的提高。这种计算机辅助教学的形式也是很多学校在实践的过程中会用到的。

（三）计算机和学生进行互动教学

这种计算机辅助教学的方式就是利用计算机和学生的互动来进行辅助教学，这种辅助教学的方式把网络作为基础，利用相关的教学软件来具体的辅助教学过程。针对不同学生和老师的具体需求，采用个性化的教学软件来进行服务以及配合，体现出计算机与学生进行互动的能力。另外一方面，一种利用网络远程教学的形式特别适合现今一些想学习的成人，因为成人具备一定的知识选择能力以及自我控制能力，这种人机互动的计算机辅助教学方式特别适合他们这类人群。这种人机互动的教学模式是未来教育发展的一个主要方向，它可以使得更多对知识有需要的人们更容易，更方便的参与到学习中来。当然这种形式还需要长期的实践来作为经验基础。但是笔者认为，计算机辅助教学毕竟不是教学的全部，它只是起到一个辅助的作用，我们应该把计算机辅助教学放在一个合理的位置上去看待它，计算机的辅助还是应该适度的。

二、计算机辅助教学对于实际教学的影响

（一）对于教学内容的影响

在实际的教学中，教学内容主要承担着知识传递的部分，学生主要通过教学内容来获得知识，提升自身的能力，以及学习相关的技能。计算机辅助教学的应用使得教学内容发生了一些形式上和结构上的改变，并且计算机已经成为了老师和学生都必须熟练掌握的一种现代化工具。

（二）形式上的改变

以往的教学内容表现形式主要是用文字来进行表述，并且还会有些配合文字出现的简单的图形和表格，无法用声音和图像来对教学内容进行详细的表达。后来，教学内容的表现形式开始出现录像和录音的形式，可以这种表现形式也过于单一，无法满足学生的实际需求。现在通过计算机的辅助教学，可以在文本以及图画、动画、视频、音频等各个方面来表现教学内容，把要表达和传递的知识和信息表现的更加具体和丰富。一些原本很难理解的文字性概念和定理，现在通过计算机来进行立体式的表达，更加清晰，使得学生更加容易去理解。同时这种计算机辅助教学对教学内容进行表达的方式可以极大地提升信息传递的效率，把教学内容用多种方式表达出来，满足不同学生的个性化需求。

（三）对于教学组织形式的影响

1. 结构上的改变

以往的教学组织形式都是采用班级教学的方式来进行，班级教学的形式主要是老师对学生进行知识的传授，在这个教学组织形式里，老师是作为主体的，因为教学的内容和流程都是老师来进行设计和制定，在整个过程中，学生都处于一个非常被动的位置，现代的教育理念都是要在课堂上以学生为主体的，这种传统的教学组织形式已经不符合当今教育发展的要求，并且无法满足不同特点学生的个性化学习需求。而计算机辅助教学则会给这种教学组织形式带来根本性的改变，在整个教学组织形式中老师将不再成为主体，学生的个性化需求也将得到满足。这种计算机辅助教学帮助下的教学组织形式可以有效地避免时间和空间的限制，利用网络来使得教学形式更加的开放，使得以往的教学组织形式变得更加分散，个体化以及社会化。对知识的学习将不再仅限于课堂上，老师所教授的学生也不仅限于一个教室的学生。学生学习知识的时候可以利用网络得到无限的资源，老师在进行知识传授的时候可以利用网络得到无限的空间，并且在时间上也更加自由，不再固定在某个时间段进行学习或者授课。

2. 对于教学方法的影响

教学方法是老师对学生进行教学时候非常重要的一个部分，每个老师在进行教学的时

候都需要一套教学方法。以往的教学方法都是老师在课堂上对学生进行知识的传授，而现今的教学方法是老师引导学生们进行学习。这种引导式的教学方法可以有效地提升学生的思维能力，并且能够让学生的学习积极性更加强烈。通过计算机辅助教学和引导式教学相结合，使得引导式教学更加的高效。例如利用计算机来对教学内容进行演示，给学生提供视觉上和听觉上更加直观的表达方式，使得学生对于教学内容的理解更加透彻。并且利用计算机辅助教学可以有效地加强学生和老师之间的交流以及学生和学生之间的交流，并且交流的内容不仅限于文字，还可以发送图片或者视频等内容，非常有利于培养学生的交流合作能力。另外，计算机辅助教学还可以把学生学习的重点引导向知识点之间的逻辑关系上，不再只是学习单个的知识点，这样更有助于学生锻炼自身的思维能力，引导学生建立适合自身的学习风格和方式，培养学生的综合能力。

计算机辅助教学对促进我国教育起到了很大的作用，但是相对于发达国家来说，我们还有很大的差距和不足，我们应该努力开发和研究，不断完善这一教学方式，不断探索新的教学方法。同时，计算机辅助教学要更好的与课堂实际教学相结合，更好的促进我们国家的教育改革和发展。

第四节　计算机智能化图像识别技术的理论

由于我国社会经济发展，科技也在持续进步，大家开始运用互联网，计算机的应用愈发广泛，图像识别技术也一直在进步。这对我国计算机领域而言是个很大的突破，还推动了其他领域的发展。所以，文章分析了计算机智能化图像识别技术的理论突破及应用前景等，期待帮助该领域的可持续发展。

现在大家的生活质量愈发提升，越来越多的人应用计算机。生产变革对计算机也有新要求，特别是图像识别技术。智能化是现在各行各业都为此发展的方向，也是整个社会的发展趋势。但是图像技术的发展时间不长，现在只用于简单的图像问题上，没有与时俱进。所以，计算机智能化图像识别技术在理论层面突破是很关键的。

一、计算机智能化图像识别技术

计算机图像识别系统具体有：首先，图像输入，把得到的图像信息输入计算机识别；图像预处理，分离处理输入的图像，分离图像区与背景区，同时细化与二值化处理图像，有利于后续高效处理图像；特征提取，将图像特征突出出来，让图像更真实，并通过数值标注；图像分类，还要储于在不同的图像库中，方便将来匹配图像；图像匹配，对比分析已有的图片和前面有的图片，然后比较现有图片的特色，从而识别图像。计算机智能化图像识别技术手段通常包括三种：首先，统计识别法。其优势是把控最小的误差，将决策理论作为基础，通过统计学的数学建模找出图像规律；句法识别法。其作为统计法的补充，通过符号表达图像特点，基础是语言学里的句法排列，从而简化图像，有效识别结构信息；神经网络识别法，具体用于识别复杂图像，通过神经网络安排节点。

二、计算机智能化图像识别技术的特征

（1）信息量较大。识别图像信息应对比分析大量数据。具体使用时，一般是通过二维信息处理图像信息。和语言信息比较而言，图像信息频带更宽，在成像、传输与存储图像时，离不开计算机技术，这样才能大量存储。一旦存储不足，会降低图像识别准确度，造成和原图不一致。而智能化图像处理技术能够避免该问题，能够处理大量信息，并且让图像识别处理更快，确保图像清晰。

（2）关联性较大。图像像素间有很大的联系。像素作为图像的基本单位，其互相的链接点对图像识别非常关键。识别图像时，信息和像素对应，能够提取图像特征。智能化识别图像时，一直在压缩图像信息，特别是选取三维景物。由于输入图像没有三维景物的几何信息水平，必须有假设与测量，因此计算机图像识别需考虑到像素间的关联。

（3）人为因素较大。智能化图像识别的参考是人。后期识别图像时，主要是识别人。人是有自己的情绪与想法的，也会被诸多因素干扰，图像识别时难免渗入情感。所以，人为控制需要对智能化图像技术要求更高。该技术需从人为操作出发，处理图像要尽量符合人的满足，不仅要考虑实际应用，也要避免人为因素的影响，确保计算机顺利工作及图像识别真实。

三、计算机智能化图像识别技术的优势

（1）准确度高。因为现在的技术约束，只能对图像简单数字化处理。而计算机能够转化成三十二位，需要满足每位客户对图像处理的高要求。不过，人的需求会随着社会的进步而变化，所以我们必须时刻保持创新意识，开发创新更好的技术。

（2）呈现技术相对成熟。图像识别结束后的呈现很关键，现在该技术相对成熟。识别图像时，可以准确识别有关因素，如此一来，无论是怎样的情况下都可以还原图像。呈现技术还可以全面识别并清除负面影响因素，确保处理像素清晰。

（3）灵活度高。计算机图像处理能够按照实际情况放大或缩小图像。图像信息的来源很多方面，不管是细微的还是超大的，都能够识别处理。通过线性运算与非线性处理完成识别，通过二维数据灰度组合，确保图像质量，这样不但可以很快识别，还可以提升图像识别水平。

四、计算机智能化图像识别技术的突破性发展

（1）提高图像识别精准度。二维数组现在已无法满足我们对图像的期许。因为大家的需求也在不断变化，所以需要图像的准确度更高。现在正向三维数组的方向努力发展，推动处理的数据信息更加准确，进而确保图像识别更好地还原，保证高清晰度与准确度。

（2）优化图像识别技术。现在不管是什么样的领域都离不开计算机的应用，而智能化是当今的热门发展方向，大家对计算机智能化有着更高的期待。其中，最显著的就是图像智能化处理，推动计算机硬件设施与系统的不断提升。计算机配置不断提高，图像分辨率与存储空间也跟着增加。此外，三维图像处理的优化完善，也优化了图像识别技术。

（3）提升像素呈现技术。现在图像识别技术正不断变得成熟，像素呈现技术也在进步。计算机的智能化性能能够全面清除识别像素的负面影响因素，确保传输像素时不受干扰，从而得到完整真实的图像。相信关于计算机智能化图像识别技术的实际应用也会越来越多。

综上所述，本节简单分析了计算机智能化图像识别技术的理论及应用。这项技术对我国社会经济发展做出了卓越的贡献，尤其是对科技发展的作用不可小觑。它的应用领域很广，包罗万象，在特征上具有十分鲜明的准确与灵活的优势特点，让我们的生活更加方便。现阶段我国愈发重视发展科技，并且看重自主创新。所以，我们还应持续进行突破，通过实践不断积累经验，从而提升技术能力，让技术进步得更高更快，从而帮助国家实现长远繁荣的发展。

第五节　计算机大数据应用的技术理论

近几年来，先进的计算机与信息技术已经在我国得到了广泛的发展和应用，极大的丰富了人们的生活和工作，并且有效促进了我国生产技术的发展。与此同时，计算机技术的性能也在不断更新和完善，并且其应用范围也不断扩大。尽管先进的计算机技术给各个领域的发展带来极大的促进作用，然而在计算机技术的应用过程中仍然存在着诸多问题，这主要是由于计算机技术的不断发展使得网络数据量与数据类型不断扩大，因而使得数据的处理和存储成为影响计算机技术应用的一大重要问题。本节将围绕计算机大数据应用的技术理论展开讨论，详细分析当前计算机技术应用过程中存在的问题，并就这些问题提出相应的解决措施。

计算机技术的发展在给人们的生活和工作带来便利的同时也隐藏着诸多不利因素，因此，为了能够有效地促进计算机技术为人类所用，必须对其存在的一些问题进行解决。计算机技术的成熟与发展推动了大数据时代的到来，从其应用范围来说，大数据所涉及的领域非常广泛，其中包括：教育教学、金融投资、医疗卫生以及社会时事等一系列领域，由

此可见，网络数据与人们的生活和工作联系及其紧密，因此，确保网络数据的安全与高效处理成为相关技术人员的重要任务之一。

一、计算机大数据的合理应用给社会带来的好处

（一）提高了各行业的生产效率

先进技术的大范围合理应用给社会各行各业带来了诸多便利，有效提高了各行业的生产效率。譬如：将计算机技术应用到教育教学领域可以有效提高教育水平，这得益于计算机技术一方面可以改善教师的教学用具，从而可以有效减轻教师的教学重担；另一方面可以为学生营造一个更加舒适的学习环境，从而激发学生的学习热情，进而提高学生的学习效率。将计算机技术应用到医疗卫生行业首先可以促进国产化医疗设备的发展和成熟，其次还便于医疗工作者对病人的信息进行安全妥善管理，提高信息管理效率。

（二）促进了各行业的技术发展

网络技术的大范围应用有效促进了各行业的技术发展，从而提高了传统的生产和管理技术。基于计算机大数据的时代背景之下诞生了许多新型的先进技术，如：在工业生产领域广泛应用的 PLC 技术，其是计算机技术与可编程器件完美融合的产物，将其应用到工业生产中可以有效提高生产效率，并且改善传统技术中存在的不足和缺陷，并且基于 PLC 技术的优良性能使得其的应用范围不断扩大，目前已经被广泛应用到电力系统行业，从而有效提高了电力系统管理效率。

二、计算机大数据应用过程中存在的问题

影响计算机大数据有效应用的原因有很多，其中数据采集技术的不完善是影响其合理应用的原因之一，因此，为了能够有效促进计算机大数据在其它领域的发展，必须首先提高数据采集效率，这样才能确保相关人员在第一时间获得重要的数据信息。其次，在数据采集效率提高之后，还必须加快数据传输速度，这样才能将采集到的有用数据及时传输到指定位置，便于工作人员将接收到的数据进行整合、加工和处理，从而方便用户的检索和参考。与此同时，信息监管及处理技术也是困扰技术人员的一大难题，同时制约着网络技术的进一步发展，因此，提高信息数据的监管和处理技术任务迫在眉睫。

三、改进计算机大数据应用效率的措施

（一）提高数据采集效率

从上文可知，目前的计算机大数据在应用过程中存在许多的问题和不足，需要相关的技术人员不断完善和改进。其中，最为突出的问题之一便是数据的采集效率不能满足实际

应用需求，因此，技术人员必须寻找可行的方案和技术来进一步完善当前的数据采集技术，以便能够有效提高数据采集效率。然而，信息在采集过程中由于其种类和格式存在很大的差异，进而使得信息采集变得相当复杂，因此，技术人员必须要以信息格式为入手点，不断优化和完善信息采集技术，确保各种类型的信息数据都能通过相似的采集技术实现采集功能，这样可以大大降低信息采集工程的难度，从而提高信息采集效率。

（二）优化计算机信息安全技术

尽管新型的计算机技术给人类的生活带来了极大的便利，然而，凡事都有利弊性，计算机技术在给人类生活带来便利的同时也带来了一定的危害。大数据时代的到来方便了社会的生产和进步，但是同时给许多不法分子带来了机会，他们利用这种先进的计算机技术肆意盗取国家机密和个人的重要信息，因此，优化计算机信息安全维护技术成为摆在技术人员面前的一项重要任务。同时，当前的网络数据中包含着众多社会人员的重要信息，其中包括身份证信息、银行卡信息以及众多的个人隐私，因此，维护网络数据的安全是至关重要的。然而，凡事都会有解决措施，譬如：技术人员应该定期维护数据安全网络或派专业人员进行实时监管确保其安全。

计算机技术的快速发展促进了大数据时代的到来，并且由于特有的优良性能使得其应用范围不断扩大。然而，尽管这种技术极大的促进了社会的生产，但是也同样会给社会带来一定的影响，因此，相关的技术人员需要不断的优化和完善网络数据的监管技术以确保用户的信息安全。此外，为了便于信息的传输和流通，技术人员需要不断提高信息采集和传输速度，以便满足用户日益增长的需求。

第六节　控制算法理论及网络图计算机算法显示研究

随着21世纪科学技术的飞速发展，通用计算机技术已经普及到我们生活的方方面面。并且通过计算机技术，我国的各行各业都有了突飞猛进的发展。在计算机控制算法领域，通过将计算机技术与网络图的融合，将计算机的控制算法以现代化的计算机演算方式表现出来。并且随着网络技术与网络图两者之间的协作发展，可以在控制算法上得到很好的定量优势和定性优势。本节通过对网络显示与控制算法的运行原理进行分析研究，主要阐述网络显示的具体应用方法。并将现有阶段网络显示和控制算法中不足之处进行的分析，并且提出了一些改进性的意见和方法。

随着近些年来计算机显示网络理论的研究深入，目前我国应用网络显示和控制算法中的网络图的控制有着日新月异的变化。在工作中计算机可以实现与网络图显示理论进行高效结合。并且在网络图显示与控制算法中，符号理论的发展也极为迅速，它可以将网络图的控制以及标号的运行熟练控制。而且在这些研究过程中最重要的两点分别是计算机的控制算法和计算机的网络图显示。

一、网络图的显示原理和储存结构

网络图的显示原理最简单的来说就是点与线的结合。打个比方，如果需要去解决一个问题，那么必须要从问题的本质出发。只有对问题的根源进行分析理解并认识问题的产生原因，才可以使用最有效的方法解决这个问题。换一种思考问题的方法，我们将数学上的问题利用数学理论进行建模，利用这种建模的方法对问题进行分析研究，就会发现所有的问题在数学模型中的组成只有两个因素，一个是点，还有一个是线。而最开始的数学建模的方法和灵感，是科学家们通过国际象棋的走位中发现的。在国际象棋进行比赛的过程中，选手们需要根据比赛规则依次在两个不同的位置放置皇后。并且选手们选择皇后的位置都有两个原则，这两个原则分别是。第一使用最少的，第二选用最少的。而通过这种方法也就构成了网络图中最原始的模型结构。并且由于网络图的主要构成是点与线的构成，所以图形的领域是网络图最主要的构成方式。在后续科学家的研究过程中，科学家们将图论融入计算机的算法中发现可以利用控制算法的方式对问题进行解决。通过这种方式形成的网络图可以将图论中的数学模型建模和理论体系进行融合并加强了计算的效率。

而在最开始计算机运算过程中的储存结构通常是由关联矩阵结构，连接矩阵结构，十字连接表，连接表这 4 种最基本的基础结构构成。并且关联矩阵结构和邻接矩阵结构主要体现的是数组结构之间的关系。十字连表和邻接表主要体现的是链表结构之间的关系。并且在计算机运算过程的储存结构中链接表的方法并不只是这一种。通常科学家们还可以通过对边表节点进行连接，并在连接过程中次序表达然后结合邻接表算法，就可以更好地在网络图中对现有的计算机算法进行表达。

二、网络图计算机的几种控制算法分析

网络图计算机的控制算法主要是由点符号权控制算法，边符号控制算法和网络图显示方法组成。在实际应用过程中点符号权控制算法主要是通过闭门领域中的结构组织，在计算机使用符号计算的过程中掌握好极限度，主要是对最大和最小的度限定有着精确地控制，还需要在上下限中之间有着及时的更新。如果显示网络图需要使用符号算法进行，就需要依据下界随时变化的角度来满足网络图下界的需求。而边符号的控制算法已经是一种较为成熟的算法方式，边符号控制算法主要是利用 M 边的最小编符号进行控制计算得出。而且边符号可以说是近些年来，科学家们对网络算法的再一次创新。通过这次创新网络图的控制理论有着更为完善的发展。并且通过对符号控制算法的上界和下界进行实际的确定过程中，可以将网络图控制算法的优势更为明确的体现出来了。在运用边符号控制算法进行网络控制计算过程中可以利用代表性的网络符号利用边控制算法提高计算中的精确度。而在工作人员使用网络符号边控制算法的操作过程中，明确的界限可以使计算机的网络图显示有着更为精准的表达方式。在计算机控制算法中使用符号和边符号的显示主要是在绘制

网络图的过程。在计算运行结束过后，就需要一种显示方法来将图像绘制过程中的数据进行输入。如果需要增加输入过程的准确程度，就需要操作人员将指令准确的输入到计算机的网络图中。并且在输入完成过后还需要将表格绘制中需要的其他数据，进行再次分析输入。而表格绘制过程中的数据，主要是包括绘图中的顶点个数，以及边的数量和图形的顶点坐标等等。在网络图的绘制过程中，大多数情况都需要创建邻接多重表，利用邻接多重表可以将数据更准确地输入到创建表中，才可以使网络图中的数据更完整的显示出来，并且还可以维持网络连接过程中的稳定性。

三、对现有计算机算法和网络图的显示方法的提升措施

目前现有的网络图计算机算法在运行的过程中通常会出现语言表达不简便，绘制网络图的过程复杂，并且在网络图的绘制过程中无法进行准确的记录。而随着网络图的算法在领域中更深入的应用过程中，就会发现在实际操作过程中计算机算法和网络出的显示以及在相关的查询系统在实际操作过程中，计算机算法和网络图的显示以及在相关的查询系统中如果不熟练使用会导致计算机整体系统不稳定，从而会将已经绘制好的网络图再次修改。而出现了以上类似问题，就需要在网络图的显示过程中借助计算机的c语言程序来绘制出想要表达出来的网络图。由于计算机中c语言的语言表达方式较为简单，并且c语言的功能也异常强大，所以在网络图显示的过程中使用c语言可以将图形更加准确的绘制在计算机的屏幕上。并且又由于c语言计算所占字节数较少，所以c语言在绘制网络图的过程中，可以节省计算机的内部储存，并且使计算机在绘制网络图的速度和效率上都有极大的促进。而且随着绘制难度的加深，许多点对点之间的连线会出现很多顶点和边之间的关系。如果对网络绘图不熟练就会造成绘图的失败。这就需要在绘图过程中，需要对图形每个顶点之间进行连线，并且还需要将整个图形绘制出相应的物理坐标。在图形的物理坐标上选取适当的距离，并将每个数值都选取整数或估算为整数。利用这种方法才可以将图形在绘制过程中的清晰度大为提升，并且也便于后续操作的观察。如果我们要将图形中不需要的边和点进行删除，那么就要在删除的过程中查询时间和过程，并将其准确的记录，以方便后续的操作。只有这样才能更好地构建出网络图的显示系统。并且在网络图的算法领域应用中，还需要对控制算法运行过程中的边符号控制系统进行完善。只有将绘制好的网络图进行多次修改和完善，才可以降低整个计算机算法系统的不稳定性。并且在修改过程中，还需要实现对数据的查询功能，以避免绘制出的图像古板模糊。在系统的完善过程中，还需要通过数据库的具体形式将数据进行正确操作来解决数据库绘制过程中的数据需求。如果需要提高对计算机控制算法的运行效率，就还需要对计算机控制算法和网络图绘制过程中的不同对象进行有效的分析。

在未来的应用过程中，依然还需要网络工作者们对计算机控制算法和网络图的显示进行不断的创新和发展，才可以使网络图控制算法和显示功能更适应时代的发展和人们的生

活需求。

计算机的网络图显示和控制算法理论，现在已经在我国的各个领域熟练的运用，并且每一阶段网络图理论和控制算法都有着迅猛的创新发展。由于目前计算机这一新兴行业受到了地方和国家的高度关注，计算机领域人才的培养也越来越重视，所以我国现代化发展的步伐离不开网络图的应用。并且随着市场需求的不断增加，只有从网络应用层面出发，不断提升计算机的技能，才可以满足市场上的需求，以促进我国现代化发展的步伐。

第二章　网络技术

第一节　网络技术的发展

网络的应用已经成为人们精神世界必不可少的一部分，它不仅改变了人们的生活和工作方式，更对社会的整体发展有很大的推动作用。在目前的网络技术与通信技术快速发展的形式之下，社会各个领域都逐步开始应用计算机和信息化等网络技术。

计算机是 20 世纪人类最伟大的发明之一，它的产生标志着人类开始迈向一个崭新的信息社会，新的信息产业正以强劲的势头迅速崛起。随着现代科学技术的不断发展，网络技术成为发展的热门技术，是推动一个国家科学发展的重要方面。

一、网络技术的概念及分类

网络技术的概念：网络主要是由一些通用的、可编程的硬件互连而成的，而这些硬件并非专门用来实现某一特定目的（例如，传送数据或视屏信号），是通信技术与计算机技术相结合的产物，通过网络通信技术与管理软件间的有效融合，使计算机操作系统中的信息、资源能实现传递与共享的一种技术。

网络技术的分类：按网络的作用范围划可分为：（1）局域网（LAN），是现阶段使用范围最广的一种网络技术。局域网一般用微型计算机或工作站通过高速通信路线相连（速率通常在 10Mbit/s 以上），但地理上则局限在较小的范围（如 1km 左右）。（2）城域网（MAN），可以为一个或几个单位所拥有，但也可以是一种公用设施，用于将多个局域网进行互连。它的作用范围一般是一个城市，可跨越几个街区甚至整个城市，其作用距离约为 5~50km。（3）广域网（WAN），是互联网的核心部分，其任务是通过长距离（例如，跨越不同的国家）运送主机所发送的数据。其作用范围大，通常从几十至几千公里，因而有时也被称为远程网。

按网络的使用者划可分为：（1）公用网（public network），主要是指电信公司（国有或私有）出资建造的大型网络，也可以被称为公众网。（2）专用网（private network），主要是指某个部门为满足本单位的特殊业务工作的需要而建造的网络。

二、网络技术的发展现状

21 世纪已进入网络时代，网络成了计算机行业较重要的一部分。由于局域网技术发展成熟，出现了一系列光纤和高速网络技术、多媒体网络、智能网络，其发展为以 Internet 为突出代表的互联网。随着通信和计算机技术紧密结合和同步发展，我国的网络技术也在迅速的飞跃发展中，因此网络技术充分实现了资源共享。人们可以不受限制随时随地的访问和查询网络上的所有资源，极大地提高了平时的工作效率，促进了工作生活自动化和简单化发展。现阶段发展中，网络管理技术从网络管理范畴来分类来看主要可分为四类：第一是对网路的管理，即针对交换机、路由器等主干网络进行管理；第二是对接入设备的管理，即对内部 PC、服务器、交换机等进行管理；第三是对行为的管理，即针对用户的使用进行管理；第四是对资产的管理，即统计 IT 软硬件的信息等。

三、网络技术的前景分析

网络技术大体的发展前景可概括为以下三个方面：（1）发展应开放化和集成化。科学技术的发展使得人们对网络技术的要求不断提升，在目前的发展背景下，还应实现集成多种媒体应用以及服务的功能，这样才能确保功能和服务的多元化。（2）发展应高速化和移动化。快节奏的社会发展步伐使人们对网络传输的速度要求越来越高，因而无线网络发展非常重要，为实现上网的便捷性，打破地域环境的限制，则实现网络的高速化和移动化发展是很关键的。（3）发展应人性化和自动化。网络技术应满足人们在生活和工作中的需求，在今后发展中人性化为主，促使其应用更加简洁高效。

随着当今社会的发展和网络水平的不断提高，网络技术的应用逐步增加，而现在网络技术的发展也进入一个关键性时期，随着用户对网络技术需要越来越高，网络安全问题也开始得到人们的重视，与此同时人们也开始担心网络的同一性问题，所以在今后的发展我们应该更加重视网络的标准性与安全性的深化改革，同时也需要培养更多专业人才支持网络的发展。

第二节　网络技术发展模式

随着科学技术与信息技术快速发展的时代背景下，网络技术被广泛地应用各行各业当中，人们的生产生活已经离不开计算机的应用，对人们的日常生活与工作带来的巨大变革。文章从科学技术角度出发，分析了网络技术发展的历程以及计算机模式对我国未来网络发展的影响，

21 世纪是以计算机为代表的信息化时代，网络技术已经被广泛的应用到各个领域与

行业中，对人们的生活以及社会生产方式带来了巨大的变革，当下，无论是在我们的学习中、生活以及工作中都离不开网络技术，信息的网络化、社会化以及全球经济一体化都受到网络技术的巨大影响。加强对网络技术发展模式的研究具有重要意义。

一、网络技术的概念

网络技术是通信技术与计算机技术相结合的一种技术，是建立在网络协议基础之上，在全球范围内建立相对独立且分散的计算机集合。在连接过程中，光纤、电缆或者通信卫星都是其连接介质，随着科学技术与信息技术的飞速发展与不断推进，人们已经进入到了电子信息时代，网络技术可以实现软件、硬件以及数据资源的共享。

二、网络技术发展历程及其功能分析

发展历程。二十一世纪是以网络为代表的信息化时代，随着互联网技术与信息技术的迅猛发展，给社会生产以及个人生活带来巨大影响。网络技术的发展主要经历了远程终端连接阶段、网络互联阶段、网络阶段以及信息高速公路阶段。其中远程终端连接是一种面向终端的网络，将远程终端与网络控制中心相连接，对信息进行电子化形式来处理信息，获得、管理以及存储信息，对信息的内容进行智能化处理，进一步保证电子信息系统更加方便、高效、快捷的处理信息。不仅是数据信息处理，还包括设备维修与保养、数据采集以及系统建设等多个方面，它是一个庞大又复杂的系统，将通信技术、信息技术以及网络技术等结合到一起。比如，我们日常使用的手机、电脑、无线电话以及其他各种移动平台等都是通过远程终端对信息进行收集，然后对收集到的信息进行分析与处理，从而实现最后的信息传递。不仅为人们提供精准的数据信息，大大方便了人们的日常生活与工作，还不断提高了人们的生活方式与质量，而且也提高了工作效率。

随着计算机的不断更新，网络系统实现了多个网络之间互联的系统，也就是说是实现了用户可以使用多个网络系统的信息资源，最终达到信息资源交换与共享的目的。最后，在信息基础建设思想提出的当前时代，网络信息高速公路逐渐得到认可与推广，也就是说为高速化与综合化的网络技术成为计算机技术发展的主要方向。

功能分析。近几年，计算机软件的开发随着我国科学技术的快速发展获得了较多的研究成果，计算机软件的应用已经融入人们生活的各个方面，现在随着人们质量的提高也对计算机的功能提出更高的要求。协同工作、资源共享与数据通信是网络技术的主要功能，运用网络技术，通过硬件设施与系统命令相结合，对大批量信息都可以实现统一的处理，这大大提高了工作效率，方便快捷。与人脑相比较，网络系统能够快速打出信息，通过无线电磁波与光线进行信息传递，处理效率更加快捷，具有传递信息快，信息量大等优势。当某台计算机设备承担了过大的任务量时，可以通过运用网络系统中任务较轻的计算机进行任务分担，从而实现协同工作，大大提高工作效率，节省人力与物力，保证网络系统运行的可靠性与安全性。

网络技术发展模式从最初的面向终端的计算机模式，逐渐发展成当前的局域网或者广域网的模式，提高了传输效率，实现了传输方式的多样化。此外，网络技术对各种信息进行发布与处理，可以激发信息的有效性与实效性，最大程度地提高人们对信息的利用效率，调动人们的积极性与主动性来使用各种数据信息，为各个领域带来巨大的经济效益与社会效益。网络技术这一集成化与综合化特征，不仅是计算机直接的数据传递更加方便快捷，还促进网络技术向网络环境营造方向发展。

三、网络技术发展趋势探讨分析

服务主导型的网络技术发展模式。以网络技术系统的开发与建设为出发点与落脚点，网络系统的功能与目的都需要通过网络的应用来实现。通过逻辑层次的分析与探究，形成适应数据库的信息，然后将信息资源传送到数据信息访问层，在这个层次中，根据数据库信息反映出客户的需求，在传输到业务逻辑层次，再次转化成信息的形式，保证满足用户的需求，最后传输到展示层次，通过展示层次映射给客户，这就形成了一个完整的信息反馈过程。网络技术的应用需求是促进技术发展的内在动力。必须以用户需求为核心，为用户提供更多、更好以及更优质的应用服务，可以知道，网络技术发展模式正在朝着服务型的方向发展。

网络技术发展模式的高速移动化。随着多媒体技术的不断发展，信息资源传输量日益增加，信息高速公路建设显得越来越重要。在信息化时代中，各种信息资源越来越复杂、多变，必须对信息进行准确的分析，加以利用。各个行业都会涉及到网络技术应用与信息处理的问题，为了满足人们多样化需求，提高网络应用效能，保证软件系统运行的可靠性与安全性，必须重视无线网络技术的发展。由于传统上网地点受到多方面限制导致无法建立网络环境，所以，3G 移动通信以及无线相容性认证等不断出现并融入人们生活的方方面面，促进了移动化通信的全面发展。无线网络技术的应运而生促进了计算机信息技术朝着有线网络为主，无线网络为辅的终端发展模式，实现网络技术发展模式的高速移动化。

网络技术发展模式呈现开放化与智能化特征。在网络设计过程中，需要做好软件功能模块的设计，对各个模块的内部结构与系统运行状态有个系统的了解与掌握，重点做好系统的调度工。并且在计算机软件开发与应用方面呈现出越来越人性化的特点，加上用户应接口自动化处理手段，使得网络技术的发展朝着智能化方向迈进一步。随着我国科学技术的飞速发展与不断的推进，我国研发出来大量的具有分散式可以远程访问功能的技术，但是在实际的应用当中应该选择最合理的访问技术是需要在对实际情况进行综合考虑之上进行的，这个技术具有高效的数据信息出来能力。在实际的应用当中，网络技术实现简便性功能模块调整，为网络技术发开放性发展奠定坚实基础。

综上所述，网络技术的发展促进了社会信息化进程不断加快，是现代社会发展的积极推动路。随着网络技术的不断发展，其应用领域将实现集成化与智能化。

第三节 人工智能与网络技术

随着信息化的发展，人工智能化在网络领域运用更加广泛。文章主要从人工智能处理模糊信息、协作能力、学习能力、非线性能力以及计算成本小等特点对其优势进行阐述，分析了网络技术中人工智能的必要性以及人工智能在网络技术中的具体应用，包括网络安全管理、Agent 技术以及网络管理与评价等方面。

随着科学的不断进步，计算机技术与信息化技术已经被广泛地使用，智能化服务已经成为当前计算机技术与信息化技术创新的关键。因此，就人工智能在当前社会的发展现状来看，潜力巨大，在人们的日常生活中发挥着巨大的作用。文章通过对人工智能技术的优势以及人工智能出现在网络技术应用中的必要性进行分析，介绍人工智能在网络技术中的应用，使读者明白人工智能在网络技术建设中的作用。

一、人工智能技术的优势分析

模糊信息能力与协作能力。人工智能作为顺应时代的产物，不仅可以方便当前人类的生活，还具有预测未来的功能，这种预测功能虽然是通过模糊逻辑对事物进行推理得来的，但是一般不需要特别准确的数据支持。因为在网络中，存在大量的模糊信息等待开发，这些信息具有不确定性和不可知性。因此，对于这些信息的处理也存在很大的困难，而人工智能可以充分发挥这类数据的作用，将人工智能技术应用到网络管理中，对于提升网络管理的信息处理能力会有很大的帮助。

同时，人工智能还具有协作能力，从当前的发展来看，网络不论在规模还是结构上都在不断地扩大，这对于网络管理来说具有很大的难度，传统的“一刀切”模式已经不能有效满足当前的网络管理，因此，需要对网络进行分级式管理。对网络采用一级的方式进行监测，需要在网络管理过程中处理好上级与下级的关系，使两者有效协作。而人工智能技术能够利用协作分布思维来处理好这种协作关系，从而提高网络管理的协作能力。

学习能力和处理非线性能力。人工智能在网络技术运用中具有很好的学习能力。网络作为虚拟的东西，不但不可估摸，而且具有的信息量以及概念都远远超出我们所能猜测的范围，很多信息与概念都还处在较低的层次，相对简单。这些信息对于人类社会发展来说，很可能都是重要的信息内容。往往高层次的内容都是通过对低层次内容深入学习、解释和推理得到的，因此，高层次的内容往往是建立在低层次的信息之上的，而人工智能在处理这些低层次的信息中表现出了很强的运用能力。

人工智能的非线性能力主要是通过人类正确处理非线性功能得出的，人工智能技术的发展使机器获得了像人类一样的智慧和能力，在解决非线性问题方面人类已经可以表现出明显优势，人工智能作为人类智慧的衍生物，在处理非线性问题时同样具有优势。

人工智能的计算成本小。人工智能在运算过程中，可以将已经储存的数据循环使用，使资源的消耗最小化。人工智能在运算过程中主要通过算法演算进行，而且这种算法在处理数据过程中具有很强的运算能力，效率很高，在处理问题时可以通过选择最优方案来完成计算任务，这样不仅节约了大量的时间，使网络技术高效运行，而且还能够节省很多计算资源。

二、人工智能在网络技术中应用的必然性

随着计算机技术的蓬勃发展，如何使网络信息安全有效运行成为人们研究的重点内容。作为网络管理系统应用的重要功能，网络监控与网络控制也是人们关注的焦点。而如何发挥好网络监控和网络控制功能，取决于是否及时获取信息以及及时处理信息。计算机技术的发展已有很多年，人工智能在近些年才刚出现，因为早期的网络数据出现不连续和不规则的情况，计算机很难从中分析出有效的数据内容，导致计算机技术的发展缓慢前行，所以，当前实现网络技术的智能化发展对社会发展来说至关重要。

随着计算机技术在各行各业的应用，人们对网络运行安全性意识增强，用户对网络安全管理的要求也逐渐提高，从而有效保障个人信息不受侵犯。而且计算机技术作为刑侦手段，具有较为敏捷的观察力以及快速的反应力，这对防治当前的网络犯罪具有良好的效果，可以有效遏制不法分子的犯罪活动。同时，在对人工智能进行智能优化管理系统的升级后，人工智能可以自动收集信息，并根据收集的信息诊断可能给网络带来的影响，从而有效帮助用户及时发现网络运行中存在的故障并采取有效的措施恢复故障，保证网络的安全有效运行。所以说人工智能可以有效保证网络运行过程中的信息安全。

计算机给人类带来了新的技术革命，决定了人工智能的存在，人工智能作为计算机发展的产物，极大地促进了计算机技术的发展，当前计算机在处理数据、完善算法过程中已经离不开人工智能的技术支持。人工智能由于能够有效处理不确定信息和及时追踪信息的动态变化，并将有效信息处理过后提供给用户，同时还具有高效的写作能力以及信息整合能力，从而提高当前工作者的工作效率，而且人工智能的推理能力也相对较强。人工智能的发展可以有效提高计算机的网络管理水平。

三、人工智能在网络技术运行中的应用分析

人工智能提高网络安全管理水平。当前网络安全仍然不是很高效，很多用户的信息依然存在较大的安全隐患，而人工智能的应用可以有效帮助用户保护个人信息安全，在实际操作过程中，人工智能主要通过智能防火墙、反垃圾邮件、入侵检测 3 个方面实现网络安全管理的目标。

智能防火墙通过智能化识别技术对信息数据的分析处理，无需进行海量的计算，直接

对网络行为的特征值进行发现并访问，在防止网络危害方面效果较好，从而有效地对其进行拦截。而且智能防火墙可以有效防止网站不受黑客攻击，及时检测病毒以及木马，防止病毒的扩散，同时，还可以有效对内部局域网进行监控管理。入侵检测作为防火墙的第二道闸门，对于保护网络运行安全同样具有至关重要的作用。入侵检测可以通过对网络的数据进行分析、分类、处理后反馈给用户。入侵检测可以防止内部以及外部攻击，避免操作失误造成的损失。

智能反垃圾邮件系统可以有效防止用户的邮箱免遭侵害，保护用户的个人隐私。通过识别用户的邮箱，系统可以分析出垃圾邮件，分类并选择性发送给用户。

人工智能代理技术。人工智能代理（Agent）技术由知识域库、数据库、解释推理以及各代理之间通信部分形成的软件实体。每个代理的知识域库通过对新数据的处理，促使各代理之间沟通并完成任务。人工智能代理技术还可以通过用户指定的信息进行搜索，然后将其发送到指定的位置，使用户更高效地获取信息。

代理技术的使用可以为客户提供更加人性化的服务，比如代理技术可以在用户查找信息过程中，通过分析处理将有用的信息呈递给用户，用户通过对信息的筛选，选择适合自己的信息进行使用，提高用户的工作效率。同时，代理技术还可以为用户提供日常所需服务，比如日程工作安排、网上购物以及邮件收发等，极大地方便了用户的生活。同时，人工代理技术还具有自主学习等能力，使计算机进行自主更新，不断强化人工智能代理技术，使网络技术不断发展。

网络系统管理和评价中的应用。人工智能的发展促进了网络管理系统的智能化发展，在建立网络综合管理系统过程中，可以利用人工智能的专家知识库以及问题解决技术。因为网络环境具有高速运转、发展迅速等特点，网络管理运行过程中遇到的问题，需要通过网络管理技术的智能化发展来提高其处理的效率。同时，人工智能技术还可以将专家知识库中各领域的问题、经验以及知识体系、解决方法总结出来，重新整合形成新的智能程序。当来自不同领域的工作人员在使用计算机遇到各个领域的问题时，可以通过与专家库进行对比分析来解决，有利于实现网络管理以及系统评价的工作。这种人工智能分析出来的专家意见具有一定的权威性，同时，人工智能还能及时针对行业的需求、各领域专家学者提供的最新建议以及经验对数据库进行更新处理，使人工智能下的网络系统管理以及评价系统顺应时代的发展。

在信息化与智能化不断发展的时代，网络技术与智能化的完美融合可以有效帮助人们解决工作以及生活中的问题。面对不断发展的社会，人们对于网络技术的应用需求越来越高，不仅要求能保障自身信息的安全性，还要求能快速处理问题。因此，人工智能作为网络技术发展过程中的产物不断得到推广，我们应该充分发掘其潜力，为网络技术发展作贡献。

第四节　网络技术的广泛应用

网络技术受到全社会的广泛关注，发展迅速。网络技术应用于社会许多领域并取得重大成果，成为了社会发展的巨大推力。在这种情况下，针对网络技术的应用现状进行分析，从中分析出网络技术的长处所在，以满足实际需要为计算机应用于各个领域的最终目的。进而保证网络技术能够更好的应用于各个领域之中，发挥其作为先进技术的重要导向作用，促进各行业的持续健康发展，推动社会发展，促进网络技术的革新进步，形成良性循环。

一、网络计算机技术的社会方面应用

将网络技术应用于公共服务体系。对于目前我国公共服务体系中，其中重点问题也是难点问题就是提高公共服务的效率的方法。网络技术的出现恰好解决了这个问题。过去的公共服务主要是通过大量的人力物力的投放来保证实施的。不仅杂乱而且效率低下，问题不断。而网络技术在释放大批人力的同时，提高了效率。帮助公共服务体系的管理人员能够方便高效的实行管理工作。网络技术的发展进步以及日趋成熟，使网络技术手段实施于管理、工作中变得大众化。网络技术与公共服务系统完美融合，更加明显的体现出来网络技术的优势所在。

例如：过去的公共服务体系中，对于“便民服务、咨询投诉、公众宣传”等这类公共服务是“头疼”的。如果按要求落实了这些服务，那人力，物力成本不可估计，但是不执行又有悖于公共服务体系的初衷。所以网络技术出现，解决了这些矛盾，人民可以在网上向管理人员进行问题咨询，或者是倾诉自己的不满以及关注一些福利政策。人们看得更加清楚明白，公众服务体系的管理人员的工作也更好开展。可以说是网络技术与公共服务体系的结合，真正做到了“方便你、我、他”。

网络技术在网络系统中的实际应用。光纤技术对于网络系统的构建、完善具有重大意义。反过来讲网络技术又大面积应用于光纤技术中。我们日常网络活动中所使用的城域网的主要传输方式的学名其实就是“光纤分布式数据接口传出技术”虽然光纤技术应用广泛且效率高，但是也受使用成本过高问题的困扰而网络技术正是解决了这个问题，让人们打破价格带来的不方便，真正的享受网络技术发展所带来的轻松便利的生活。

二、网络技术的具体应用分析

从目前的网络技术的发展趋势来看，深入的探讨一下网络技术的具体应用分析是有意义的。下面就从网络技术在信息系统构建、发展和教育科研方面的应用来进行探讨。

（一）网络技术在信息系统中的应用

1. 网络技术为构建信息系统提供了技术的支持

网络技术的发展程度在一定程度上决定了网络信息系统的完善程度。换句话说，网络技术是网络信息系统的建立基础。为构建信息系统提供了技术上的支持。

第一，网络技术为了保证信息系统的传输效率全面、快速的提高，为信息系统的构建提供了新的传输协议。

第二，为了保证信息系统的存储能力足够大，网络技术不断进步与提升，研究出了新的数据库技术，满足了信息系统构建所需要满足的存储条件。

第三，信息系统的建立目的就是为了让人们得到有实效的、自己所需要的信息。网络技术为信息系统提供了新型的传输技术，正是保证了信息系统所传输的信息的时效性和实用性。

2. 网络技术加速了信息系统的发展

网络技术不仅对信息系统的构建产生巨大作用，对于信息系统的后续发展也有着不可忽略的促进作用。网络技术自身的不断进步和完善，也为信息系统的整体性建设和完善提供了源源不断的技术支持。网络技术在这个过程中为信息系统的发展提供源源不断的动力，产生了不可忽视的拉动作用，加速信息系统的发展与进步。

（二）在教育科研中应用网络技术系统

近些年来，教育的改革不断深化，广受社会各界人士的关注。不仅是改革旧的教育方式，更要在教育中融入新技术，让教育做到了与时俱进。跟上时代的发展步伐，也有利于开拓学生的眼界，做一个全面的高素质人才。随着网络技术的发展，教育与网络技术的结合，让这一切都不是难题。并且促进教育科研的发展和进步，研究出了许多新技术，对教育发展有重大意义。比如：远程教育技术和虚拟分析技术的研发和运用，提高了教育的质量和效率，提高了教育科研的整体性水平。

1. 远程教育得以实现的技术支持

网络技术与教育科研的完美的融合，加速了远程教育的实现。有效的拓宽了教育的波及范围，促进了教育发挥积极作用。同时远程教育的实现还起到了丰富教育手段的作用。对于目前的远程教育的运行情况来说，收获了良好的反响的同时让师生都体会到了远程教育带来的好处。并且远程教育这种教育形式有望于在未来的教育体系中成为主流教育形式替代传统教学形式。网络技术应用于远程教育体系的构建中，对教育体系的变革产生了巨大的、不可忽视的、不可磨灭的作用。

2. 虚拟分析技术的出现促进教育科研发展

随着社会发展和科技进步，我们对于教育方面所教授的知识已经不仅仅满足于课本上的文字内容。更希望课本上的文字内容“活起来”这样能够更直观立体、也能更生动的“看见”课本内容，并加以理解和掌握。尤其是对于一些需要进行数据分析和实际操作设计的内容，“动起来”更是意义重大。虚拟分析技术应运而生。依靠于网络技术的发展为虚拟技术的研发提供基础条件。这也是网络技术在与教育相融合时产生的另一大理论成果。

三、网络技术的应用领域

（一）网络技术在人工智能方面的应用

人工智能这个概念早已提出，但是随着科技的进步，使人工智能从构想变成了现实。人工智能系统也成了一个独立存在的系统了，但是网络技术作为人工智能技术的发展基础，是不能被湮灭的。即使在现在，人工智能系统的实施也无法脱离于网络技术，人工智能的从无到有，无一不彰显着网络技术的应用所带来的巨大成果。

网络为自动程序设计提供方便编程和程序设计既是网络技术的基础也是核心内容。网络技术中设计自动程序也是一个重要研究方面。自动程序的研究不断深化也预示着程序员的工作将会渐渐被取代。也象征着人工智能研究取得巨大成果。自动程序的设计为人工智能提供了基础，也使人工智能时代的带来提供了可能，加快了速度。

（二）网络技术在通信方面的应用

网络的发展为人们的生活提供了便利，这一点无可厚非，这样的改变是逐渐的，尤其在通信方面表现尤为明显。从一开始的面对面交流、写信、电话电报到如今的视频通话，让在外的人与家里人沟通更畅快，与朋友交流更密切。网络的发展也是2G\3G\4G这样有过程的，逐步的发展进步。网络技术应用于通信方面，方便了人们之间的交流，让距离不是问题。有利于构建和谐的社会关系。

总之，本节通过对网络技术在商务中、人工智能技术中的应用及其应用途径和具体应用的分析，让我们直观的感受到网络技术发展对社会的巨大推动作用。基于此，我们需要对网络信息技术有一个完整的、清晰地、深入的认识，推动网络技术能够更广泛、更深入、更高效的应用于各个领域。促进社会各个行业、各个领域的发展成熟。

第五节 网络技术与区域经济发展

经济社会发展中，网络技术发挥着十分重要的作用，尤其是区域经济发展中，网络技术的积极作用更是显著。本节在深入分析网络技术对区域经济发展的影响的基础上，探讨了网络技术助推区域经济发展中的良策。

网络技术在区域经济发展中，有效应用集中体现在优化发展结构、衍生新技术、经济发展要素等方面，为了持续发挥网络技术应用价值，推动区域经济健康、可持续发展，有必要重视网络技术的影响研究，以网络技术助推区域经济取得进一步发展成绩。鉴于此，本节对“网络技术对区域经济发展的影响”展开分析具备一定的现实意义与理论价值。

一、网络技术对区域经济发展的具体影响分析

优化区域经济发展结构。传统经济模式显然无法紧跟现代化经济社会发展脚步，然而在网络技术支持下，传统经济模式可进行改造或者升级，借助信息化手段，高效处理生产信息，借助网络技术优化生产流程，可确保区域生产力满足现代区域经济发展需求。例如：农业生产活动中，网络技术的有效应用，可让生产方式实现现代化，以此推动我国农业产业的科技发展。

衍生高新技术。网络技术的有效应用，能够让传统产业与现代技术进行有效融合，全面提高生产力，并且在此基础上，优化产业结构。除此之外，在网络技术的支持下，各项高新技术的有效应用，能够进一步提高产品的附加值，为产品市场核心竞争力的提高夯实基础，对促进区域产业经济进一步发展有着十分重要的促进作用。

影响区域经济发展要素。传统区域经济发展中，侧重人才要素、资本要素、技术要素等。然而网络技术的有效应用，是传统区域经济发展要素，可在区域内短时间得到补充或者流失，意味着在网络技术的支持下，区域经济发展资源分配更加合理，资源利用率更高，更加有助于区域经济健康、可持续发展。另外，借助网络技术，区域内产业可进行强强合作，有效增强了区域内产业市场核心竞争力，为区域经济健康发展夯实了基础。

二、网络技术助推区域经济发展的良策分析

当今社会，网络技术得以普及应用，为区域经济发展提供技术保障。为了进一步推动区域经济发展，有必要重视网络技术的深层次应用，并重视相关专业人才的培养。

借助网络技术改造和升级传统产业。网络技术普及应用背景下，部分企业信息化建设严重不足，尤其是中小企业，网络技术的应用深度不足，难以充分发挥网络技术应用价值，助推企业的健康发展。所以，政府相关部门有必要重视自身职能作用的发挥，借助多种手段，强化网络技术在产业发展中的应用，促使区域各产业能够利用网络技术改造和升级产业，有效提高产业市场核心竞争力，推动区域经济可持续、健康发展。除此之外，区域产业有必要借助网络技术，逐渐将产业由劳动密集型转变为知识、技术、信息密集型，为产业健康发展提供保障。

加大网络技术专业人才培养力度。如何利用网络技术，推动区域经济发展，关键在于专业技术人才。因此，区域经济发展中，有必要重视网络技术专业人才培养。区域内各企业除了重视加强计算机软件研发与利用之外，还需要重视网络硬件的建设及数据处理技术的研究。所以，企业需要立足于现阶段人才培养现状，优化人才培养机制，为网络技术助

推区域经济发展提供人才保障。

政府扶持网络技术发展。为充分发挥网络技术应用价值，推动区域经济健康发展，政府有必要高度重视网络技术的发展，以网络技术为基础，合理规划区域内资源，并借助网络加强监管，及时解决网络技术助推产业发展中的一系列问题，为区域经济稳定发展夯实技术基础。同时，政府需结合产业具体情况，利用纳税等渠道扶持高新技术产业发展。除此之外，为了加快网络技术的发展，政府需要大力支持教育事业的发展，为网络技术的发展培养出大量计算机专业高素质人才。同时，加强网络知识宣传，全面提高全民网络意识，促使人们高度重视网络产业的发展。另外，为了确保网络产业健康发展，需重视网络犯罪打击，营造一个健康的网络环境，推动区域网络产业健康发展。

网络技术在社会各产业中的有效应用，具有多种现实意义，集中体现在优化区域经济发展结构、影响区域经济发展要素等方面。所以，区域经济发展中，为有效提高网络技术应用价值，需重视计算机专业人才的培养，并制定相关扶持政策，推动区域经济健康、可持续发展。

第六节　计算机技术的创新过程探讨

计算机技术从诞生到至今还不到 70 年的历史，但是计算机技术给人类社会带来的改变却是有目共睹的。随着我国经济的快速发展，科技不断进步，计算机技术的不断发展，计算机的发展与运用给人们带来了很大方便，同时也对国家的科技发展起到促进作用。计算机的发展历程虽然没有太长，但技术的创新能力却是非常强大，从计算机的发展状况以及创新过程中我们可以看出，计算机的作用是不容小觑的。在经济、科技以及文化上计算机在发达国家中的发展非常明显，要想赶上发达国家的脚步，就要进行计算机技术广泛使用，并且实现不断创新与发展。本节从计算机的发展以及创新上研究，主要强调计算机在未来的发展展望，以及提高人们对计算机创新技术的认知程度。并且展示了纳米、多媒体、软件等等反面的计算机技术发展要点，希望对计算机今后的创新发展有所启迪。

计算机技术的快速发展与应用，是现代后工作发展是主要标志，也是计算机技术融入人类社会中的标注，结合社会的需求发挥出自己的优势，给人们的日常生活提供大便利。在技术机丰富人们生活以及提高生产技术的同时，也让人类的建设发生巨大改变，特别是在计算机的创新技术发展上，让各个行业都能够进行深层次使用。计算机的优势有很多，它的创新能力强，自身的发展没有局限性，发展的趋势以及覆盖的面积都非常广，能够在各个领域中使用，为人们提供各种各样的便利。在经济快速发展的社会中，要发挥计算机的优势，就必须要从计算机的结构上入手，通过对技术环节的突破来达到计算机运用最大效果。从纳米技术、网络、多媒体等等环节来达到创新，实现计算机技术的有效发展。

一、计算机当前的发展情况

目前的计算机发展侧重点在于纳米技术、结构等等处理器上，想要做好了计算机的推广与应用工作，就应该从这些技术上出发，才能够全面的掌握计算机技术的使用。在计算机结构层次方面上，主要是对计算机技术的分割与重组，只有这样才能够提高计算机处理信息的能力。要通过计算机操作的表示来提高计算机在传输过程中的运行速度与质量。在纳米技术上的处理，就应该开辟一个纳米技术在电子行业上的使用功能，在性能上不断的提高它的能力，在计算机的未来发展中提供充分保障。在计算机的处理器技术上，主要是针对它的体积不断变小，不断地提高运算效率，再微处理器的发展中能够限制它的尺寸。当前的信息处理技术与速度上已经达到了一个瓶颈，可以通过计算机的技术分割与重组来让数据得到更好的处理，在每个分割的数据段当中加入信息，在标识的数据发送之后，就可以堆数据进行传输，这样才能够提高数据的通信效果。

二、计算机的未来发展趋势

纳米技术的不断发展。纳米实际上是一个长度单位，在计算机技术中融入纳米技术能够开辟新的结构功能，从质量上进行提升。实现结构与功能的共同进步，集成度大量提高，在性能不断发展的基础上，形成计算机未来发展的保证。在未来的计算机领域发展中，计算机的元件基本还是采用纳米技术，不仅能够打破电子元件本身存在的局限性，还能够制造一些与生物相关联的量子计算机，实现计算机性能不断发展的可能性。计算机的性能不断创新与发展，是未来的计算机发展主流，纳米技术是不会受到计算机技术的限制，不管是在集成还是处理过程中纳米技术都是可以正常进行，还能够实现生物计算机与量子计算机的储存能力提高运行速度提高的想法。

计算机在结构上不断创新。结构是计算机的灵魂骨干，也是计算机取到发展与突破的重要环节。计算机结构技术主要是对计算机的数据进行分割与重组，这样的方式能够提高计算机的数据处理能力。结构是具有很大优势的，能够对机体中的数据进行标记，通过这些标记来提高数据传输的准确性。一台计算机进行多种任务的分配，可以提高用户与计算机之间的关联，实现较大程度的合作。这样计算机的研究方向就可以从单体到群体过度，增加计算机系统的可靠性，对于计算机计算的改善与创新上具有重大意义。

网络技术以及软件技术上有新的突破与发展。未来的计算机技术与网络技术的关系必然是越来越紧密的。计算机技术在网络上的发展主要是体现在计算机与网络之前的结合，形成网络云技术，促使网络与计算机技术之间的合作更加紧密，使计算机的数据与网络软件在服务器中运作更加方便。软件技术上的突破对计算机发展有很大作用，可以从内部的软件运行上进行完善，还能够从计算机的程序语言中进行改革，运用互联网的通信新技术，来协调计算机中的各项工作，促使在不同区域、不同领域的人使用的网络都能够相互联通，进行协调合作。微处理器算是计算机的大脑，是计算机中的核心体系。微处理器从字面上理解就是越小越好，所以它的发展是不断的减小其体积，提高运行的效率。微处理器是实现了量子效益，从速度上去展现信息的处理技术。

网络技术的创新与发展。推动计算机的网络创新能力发展，能够推动计算机的发展。要先对计算机的发展稳定性、显著性以及便捷性进行判断，才能够有效的进行计算机技术提升，不断地让计算机技术能够达到科学合理利用，并且让计算机技术与企业发展进行紧密结构，把传统的计算机技术发展与创新理念相结合，实现计算机技术的跨越发展。计算机的创新是一个持续的过程，不仅要推动计算机的创新文明发展，还要进行科技产品的创新。推动与企业相匹配的计算机创新技术，充分的根据社会进步来发展计算机技术，计算机的发展也是建立在社会需求上的。

综上所述，从当前计算机发展的情况上看，就还不到70年的发展光阴，计算机技术虽然没有经过漫长的发展历史，但创新能力是不容小看的。短暂的时光中却是影响了无数人的生活，它的影响力足以堪比电话、电视等等通信产品。本节从计算机的技术发展现状以及未来的发展预测，来证明计算机的发展前途是一片光明的，道路虽然没有那么顺畅，但依然具有很大的发展潜力。要想看到计算机发展的曙光，就要从计算机的结构框架出发，从任何一个方面去进行分析改革，为计算机未来的发展奠定基础，设立新的起点与环节，让计算机技术的应用在未来那有广大的跨越。计算机的发展道路是非常广阔的，但前路还是充满艰辛，如果要看到光明的前景与价值，还是需要更多的研究与创新。在研究的过程中，要加强计算机技术的创新与维护，建立相应的保障体系，在计算机技术的基础上进行改革，实现全面发展。

第七节　通信技术与计算机技术创新

介绍了通信技术与计算机技术的概念和特点。阐述了通信技术与计算机技术的融合成果，如计算机通信技术、信息技术、蓝牙技术、远程通信技术、多媒体技术、信息库技术。从培养和提升专业人才的业务素质、树立创新思维两方面入手，提出了促进通信技术与计算机技术融合的策略。展望了计算机通信技术的发展趋势，希望能够提升和丰富软件功能，充分挖掘资源利用率，实现更大化的资源共享，使计算机通信技术的价值和功能日益扩大。

一、通信技术与计算机技术的概念和特点

（一）通信技术的概念和特点

概念。早期社会中，国家之间、国家内部不同层级进行联系需要依靠信息传递，随着时代的发展这种传递变得更加频繁，由此产生了邮驿制度。不同时代传递信息的方式有所

不同，在古代用狼烟传递情报，有些国家用鼓点传递信息。如今，电子信息日益发达，信息传递实现了电子化，传递工具也是通过电子设备来完成的，通信技术日益高效与便捷。

通信技术是指快捷、准确和安全地通过网络传递不同类别信息的技术。信息技术的不断进步促进了通信技术的快速发展，其发展种类日益多样化，方式也不断被改进，能够在时间与空间上安全、准确、快速地传递信息给用户。

特点。通信技术的主要特点是便捷性和高效性。随着通信技术的不断发展以及基础设施的不断完善，各地区间的交流越来越顺畅，通信技术的应用范围越来越广泛。现代通信技术在传递范围上不断扩大，同时还能够保证更高的质量和安全性。

（二）计算机技术的概念和特点

概念。计算机技术是现代人广泛使用的重要技术，主要指计算机在应用中使用的技术与方法。其主要内容包括计算机系统技术、器件技术、部件技术以及组装技术。计算机系统技术是其中最关键的技术，它分为结构技术、系统维护技术、系统管理技术以及系统应用技术等方面。

特点。新时期计算机技术具有鲜明的特征：第一，可以自动运行程序。计算机技术能够自动执行编制好后的启动程序，完成任务。第二，运算速度更快。由于科技水平的飞速发展，计算机在运算速度方面不断提升，微型计算机可每秒运行几十万条指令，巨型计算机每秒可执行几十亿条指令。第三，运算精度更高。精确度可达到小数点后上亿位。第四，记忆存储功能强大。计算机存储器分为内存和外存，存储量可达到上百兆甚至千兆以上。

二、通信技术与计算机技术的融合成果

计算机通信技术。计算机通信技术的优势是传输效率较高，呼叫等待时间较短，抗干扰能力非常强，同时其通信形式具有较好的兼容性和多样性。计算机通信技术能够有效融合大容量和高速率的通信网络，提升了诸多领域的信息化发展水平，现已广泛应用于经济、生产、军事、教育以及日常生活的各个方面。数字化、网络化和信息化是网络通信技术的核心，它标志着计算机数据处理与网络通信融合的信息时代的到来，未来其应用范围和领域将不断拓展，促进人类的进步与发展。

信息技术。信息技术的核心是计算机技术与通信技术，能使现代化高科技具有先导性和关键性。知识与信息资源经过计算机的转换，形成新的商品即知识产品，是通信技术的加工厂。随着经济的迅猛发展，信息化日益成熟，信息的更新与发展日益加快，新一代信息技术如云计算、互联网及物联网被广泛应用，使信息类型更丰富和多样化，并且信息传递的时间逐渐缩短，提升了信息传递效率。

蓝牙技术。蓝牙技术是一种无线通信技术，其成本低、开放距离短，具有无线数据和声音的传输功能，传输距离在十几米范围内，蓝牙技术主要功能有蓝牙专用 IC 和通信协议线。

远程通信技术。各个终端设备是通过有线或者无线的方式相互连接的，通过这些方式可以拓展信息处理并提高传输性能，在无线通信技术中表现地尤为明显，为创建区域网络提供了更便利的条件，从而能够实现信息的远程传递，具有跨时间与空间的优势，充分发挥了其作用和价值。

多媒体技术。多媒体技术是通过计算机技术对多种信息进行综合处理从而形成人际交互的功能。多媒体技术是计算机技术的产物，其核心控制设备即通信计算机设备，多媒体通信技术有多种表现形式，如远程会议、视频教学等。计算机的适用领域因多媒体技术而发生巨大改变，广泛应用于各个领域，如学校教育、生产管理、军事指挥、日常生活等。

信息库技术。利用计算机技术能够创建完整的数据库，有助于搜集并整理所需信息，提升数据管理效率和质量，同时实现资源共享。常见的应用方式有电话购票、网络购票等，大大提高了工作效率。

三、促进通信技术与计算机技术融合的策略

培养和提升专业人才的业务素质。通信技术与计算机技术都是专业性较强的科学技术领域，两种技术的有效融合过程也是一个高端技术的研发过程，需要更多高端专业技术人才进行研发。因此，应该重视培养专业技术型人才，不断提升其业务素质和操作能力，以适应和满足社会发展的需要。此外，专业人才要提高自身的职业道德并树立创新观念。

树立创新思维。通信技术和计算机技术的有效融合提高了服务效率，能够更好地促进社会发展。在融合过程中要注重树立创新思维，使计算机通信技术不断适应新的环境变化，以创新促发展，满足社会发展的需要。

四、计算机通信技术发展趋势

计算机通信技术趋于多元化发展，能够提升和丰富软件功能，充分挖掘资源利用率，实现更大化的资源共享，使计算机通信技术的价值和功能日益扩大。总之，经济的迅猛发展，促进了通信技术与计算机技术的有效融合与共同发展。未来要继续拓展创新思路，不断开发创新途径，促进计算机通信技术的发展，更好地为社会服务。

第三章　网络教学的理论研究

第一节　高校网络教学发展

高校网络教学中学校重视程度不够，教师网络教学形式化，学生利用网络教学平台学习积极性不高等问题依然存在，因此，研究高校网络教学发展，找出存在问题的原因，提出有效促进网络教学有效运用的对策具有重要理论与现实意义。首先阐述了高校网络教学发展的现状，然后总结出了存在的主要问题，最后提出了促进高校网络教学有效运用的主要对策。

一、高校网络教学发展现状

（一）网络教学基础设施数量与规模在逐年上升

网络基础设施是实现网络教学的先决条件，是网络教学顺利进行的保障，通过对国内包括 985 高校、211 高校以及普通本科院校的 120 所大学的实地调研中可以看出，在过去 20 多年发展过程中，网络化基础设施建设得到了长足发展，无论是硬件的计算机数量还是软件的互联网覆盖面都得到了很大提高，尤其是在移动网络迅速普及的背景下，高校的互联网接入覆盖面越来越广泛，“最后一公里”难题基本得到解决了。这样为高校进行和推广网络教学提供了最基础的保障。

（二）网络教学规模越来越大，教学资源丰富

自 1998 年教育部把清华大学、湖南大学、浙江大学、北京邮电大学四所高校作为首批网络教学试点开始标志着我国高校网络教学正式拉开了序幕，后来高校网络教学规模不断壮大，2010 年全国高校已经有 68 所被教育部批准为网络教学试点，在这期间全国涌现出了一大批国家级和省级网络教学精品课程，教学资源越来越丰富，2014 年，国务院和教育部批准高校均可以开展在线网络学历教育以来，我国高校又迎来了新一轮的大扩张和大发展，到目前为止，全国高校网络教学几乎遍及所有高校，教学资源越来越丰富，教学质量在不断提升。

（三）网络教学评价越来越规范，教学资源质量越来越高

自 2002 年教育部颁布的《网络教学评价规范》文件开始，该文件仅从教学的内容、设计和技术三方面进行评价，重点是关注网络教学的建设，缺乏对网络教学的实际运用效果的评价。2009 年教育部又制定了国家级精品课程评价指标，该指标体系不仅关注网络教学建设，更关注网络教学实际应用效果的评价。美国、英国和日本等发达国家的网络教学评价标准体系也为我国高校进行网络教学效果评价提供了一定参考。在众多评价标准的指导下，我国高校网络教学资源无论是数量还是质量上都得到了跨越式的发展。

二、我国高校网络教学存在的主要问题

（一）高校对网络教学重视不够，支持力度有待提高

部分高校教师却没有积极开展网络教学，通过实地调查发现原因主要是学校没有相关政策文件支持，网络教学需要投入大量的时间和精力来准备，而且教学难度大，教学投入与效果不一定成正比，最主要是学校对网络教学重视不足，一般都是口头提倡但不必须强制，为教师提供的网络教学培训非常少。这样导致教师在网络教学工作方面投入量出现了显著不一致现象。另外，教学管理人员对具体课程教学内容不了解，只关注网络教学课程数量，无法对教师提出更高要求，教师仅仅是建立了课程，如果教学资源不能及时更新和完善，学生就可能获取不到有价值的知识，这样导致网络教学会停留在低效的层次上。

（二）教学评价机制不完善

目前，网络教学评价主要是通过学生在课堂中的表现情况给予不同的分数，在调查中发现，在单班上课时教师有时间直接对学生学习进行评价，在给合班上课时，大多数教师会采取学生互评来评价学习情况，这种方式优点是学生之间可以互学互鉴，缺点是主观性太强。很多高校教师为了确定学生平时成绩习惯上采用设置客观题测试，系统会自动进行量化分析给出最终成绩，该种方式表面上公开、公平、公正，本质上却只是将“为考试而学习”的观念扣上了互联网的帽子，还是传统教学思维。

（三）教学交互程度不够深入

目前，高校网络教学交互主要包括教师与学生之间交互、学生与学生之间交互以及师生与教学内容之间的交互。在师生交互方面，主要途径是通过作业的布置与反馈、电子邮件、学习论坛以及公告通知等不同步交流和通过微信群、QQ 群、聊天室等同步交流，在实地调查中发现师生交流的主要是书本理论知识，教师很少关注学生学习心里的变化规律，主动与学生交流学习心得就更少了，学生感觉自己在与机器交流，缺乏主体间真正的灵感交融互动；在学生之间交互方面，由于网络教学软件针对个性化的私人交流功能较少，以及由于信任问题和交流信息泄漏的风险等原因，使得学生之间交互不足，主要是在学生与

教师共同交互时学生之间交互有些体现而已；在师生与教学内容交互方面，在实地调查中发现，大部分教师在进行网络教学时，教学内容中大约80%来源于书本知识，而且只是书本内容搬家而已，内有经过教师的打磨、提炼和升华，缺乏教师与教学内容的交互，大部分学生对教学内容由于时间和能力问题对教学内容自学深度不够，对课本和网络资源理解力不足，交互程度不够。

三、促进高校网络教学有效运用的主要对策

（一）高校设立新制度来营造重视网络教学的氛围

高校若想通过设立新制度来营造重视网络教学的氛围，必须把网络教学纳入到教师教学质量考核工作中。这样不仅是对教师进行网络教学工作的认可，而且更重要的是对教师教学质量评价的体现。为了响应国教教育部提出的要求教育信息化和教育现代化发展目标，很多高校积极开展网络教学且取得了较好成绩，例如在2019年4月9日的中国慕课大会中可以看出清华大学、北京大学、浙江大学等成绩突出，通过调研发现这些高校的一个共性就是把网络教学真正纳入教师教学质量评价考核体系之中，这样可以有效的引起高校教师对网络教学的重视和激发教师参与网络教学的积极性、主动性和创造性，在学校对网络教学的高度重视下，高校师生高度参与的氛围下，网络教学开展会越来越好，网络教学效果会越来越强，一定会培养出更多更加符合社会需要的创新型合格人才。

（二）加强网络教学硬件基础设施和软件的研发投入

目前，大多数高校使用的网络教学软件都不是本校自己研发的，而是通过市场从专门的软件公司购买得到的，而且感觉性价比较高，这样表面上看来很值得，但是教师在使用该软件时会遇到很多问题，例如，出现稍微复杂的问题就不知如何处理，仅仅会一些基本操作，这样使得软件的功能根本得不到充分发挥与利用，浪费了教学资源，在这样的背景下，主张高校加大研发投入，成立专门的针对本校学科和专业特点网络教学软件研发团队，这样看来有人会认为成本太高而不值得，其实这是一劳永逸的事情，因为长远来看，会发现给学校、老师和学生带来的总收益远远大于所投入的成本。

（三）网络教学运行路径要科学合理设计

科学合理设计网络教学运行路径是网络教学高效运行的重要前提。该设计主要包括网络教学的准备、实施、评价和管理四步。在准备阶段，主要包括教学目标的制定、教学情境的创设、资源的支持和技术的支撑。其中教学目标的制定主要包括目标的确定、设计和陈述；教学情境的创设主要包括创设安全且舒适的氛围和组织合理的网络教学内容；资源的支持主要包括物质资源支持、人力资源支持和信息资源支持等；技术的支撑主要包括信息技术和互联网通信技术。在实施阶段，主要包括构建网络学习共同体、学习动机和教师

与学生之间的互动三方面工作，其中构建网络学习共同体主要是科学合理分组使用朋友圈等工具促进知识流动；学习动机的激发策略主要是采用多种先进技术优化组合激发兴趣、设计多样化的学习路线满足不同学生的有效需求，定期通过测验给予学生鼓励以保持学习动机的连续性。在师生互动方面，教师可以根据知识特点和学生的特性，通过实验、实践、游戏、视频、声音、模拟、图表等直观且易懂的手段把教学内容变成师生有效交互的桥梁，加深师生之间的有效互动。在评价阶段，主张网络教学评价主体多元化，具体包括学生、教师、专家和家长等，这样可以避免犯以偏概全的错误，评价内容全面化，主要包括德、智、体、美、劳综合评价，评价方法的多样化，主要包括过程与结果评价、量化与质性评价、诊断与总结评价等相结合来综合全方位评价学生，有效促进学生全面发展。在管理阶段，管理主要包括教学管理和资源管理，在教学管理方面，教师是主要负责人，但是网络教学中，资源的管理不仅包括资源的数量，而且更重要的是资源的质量以及资源的有效配置和充分的利用，这需要学校、教师和设计者协同完成该项任务。

（四）提高教师素质，实现角色转换

在传统教学中，教师直接面授学生，以“言传、身教”来教育学生。而在网络教学中，教师则更多地是作为知识信息的“发播者”、学生学习知识的“导航者”、学生智慧形成的“启迪者”。这一角色的转变，要求教师必须全面提高自身素质。首先，教师要有现代教育理念，它包括民主平等的师生观、全面发展的人生观、终身学习的发展观等。其次，教师要有良好的信息素养，有不断收集、发播、更新信息的能力。

（五）组织团体活动，促进学生身心健康发展

网络在实现远距离跨时空教学的同时，也会增加学习者的孤独感。因为在网上学习，没有来自他人的期待和帮助。这种孤独感也常常表现为学生对自己归属感的迷茫。另外，过度地沉溺于网络，也会对学生的身体构成一定的危害。所以，建议进行网络远程教学的承办者，要经常组织一些团体活动，给师生、生之间提供更多的交流机会，以弥补网络交互的不足。这种团体活动将有利于师生、生之间思想感情的沟通，有利于亲密友谊的建立，有利于学生身心健康的发展。同时，团体活动也有利于学生团结合作精神的养成，为他们今后更好地适应社会打下坚实的基础。

（六）规范教学网络行为，提高责任感和信任度

教学天地不是公众可以随意发表言论的空间，而且，网络教学中的师生言论应符合真善美的标准，而不能不负责任地乱发议论，尤其是为人师表的教学工作者更应如此。当交互双方都以负责任的态度进行交往，人们之间的信任感便容易建立起来，这应该是每一个人所真诚期望并努力去做的。规范教学网络行为的措施有很多，例如，限制一般过客进入网络教学平台，限制学生使用多个名词，剔除与论题无关的交互，增加交互双方的透明度等。通过这些管理措施的实施，以促进我国网络教学更加健康发展。

总而言之，高校网络教学从2011年开始，在国家《教育信息化十年发展规划（2011-2020年）》纲要指导下，很多高校重点大力推进网络教学课程建设，有的高校甚至高达400多门网络课程，然而却忽略了课程的实际应用，使得网络课程仅仅是一种摆设，没有真正提高实际教学效果。要实现网络教学有效运用，必须处理好师生、技术、内容、管理和网络之间的平衡关系，保证各个部分要协同发展，共同进步，真正实现网络教学的“互联网教育”本质，而非“教育互联网”现象。

第二节　传统课堂教学与网络教学

互联网的出现，使得人们的生活方式发生了很大的改变。互联网也促进教育界发生了改革，在线网络教育是在互联网基础上进行的一种新型学习教育方式。在线网络教育的出现，打破了传统教育的局限性，给学习者带来了诸多的学习便利。网络教学有利有弊，本节就传统课堂教学与网络教学的比较展开探讨。

一、在线网络教育与传统课堂教学相比的优势所在

摆脱了传统教学时间和地点的约束。现在的社会发展较快，人们的工作与学习都处于快节奏中。学生的任务就是学习，所以传统课堂教学一般用专门的时间，约定专门的地点，由教师进行教学。而遇到特殊情况的学生，很难有完整的时间来学习。在线网络教育的出现，给这群人提供了很多的学习机会，使他们可以摆脱传统教学时间、地点的约束，学习者只要想学习，就可以突破传统时间以及空间的限制，根据自身的情况，随时随地进行在线网络学习。学生因特殊情况不能在教室集中上课，利用在线网络课堂对学生进行辅导就可以很好地解决补课问题。

教学资源极为丰富。传统教育基本都是围绕课本教学，学生根据老师布置的题目做练习，所有的资源都来自于课堂，课本长期不更新，学生无法学习到与时代变化相适应的知识，阻碍了新时代学生的全面发展。相反，通过在线网络教育，可以有效地缓解这一问题。在线网络教育依托的是网络，通过网络，学生可以学习到来自不同地区乃至不同国家的知识。相比于传统教育，教学资源更加丰富，学生的视野也更加开阔。此外，通过在线网络学习，学生可以看到动态式的教学内容，相比于传统黑板和粉笔的灌输式教学，在线网络教育所呈现的图文并茂的学习形式更适合学生，也可以很好地提升学生的学习兴趣。比如，现在比较受家长和中小学生青睐的少儿英语和少儿编程等课程。

为教育对象提供了个性化学习方式。传统的教学都是在教室里进行的，老师教学生听。尽管学生之间存在着差异，但教师并不会针对不同的学生进行不同的教育，无法因材施教，影响整体教学效果。在线网络教育解决了这一问题，互联网上汇集了全世界的图书馆、教

学资源，学生可以自行选择学习内容、学习时间、学习进度。同时，通过网络的互动性，学生在学习中遇到问题，也可以通过在线实时提问获得老师的解答。由于教学内容、教学方法等都由学生自由选择，网络学习更具有自主性，教育也更具有个性化。

二、在线网络教育跟传统课堂教学相比的劣势所在

在线网络课程具有自闭性。网络的出现给人们的生活带来了翻天覆地的变化。过去的孩子大多喜欢在户外玩耍，有了网络之后，取而代之的便是手机、电脑。网络环境使人们缺少面对面的直接沟通，开始变得越来越自闭。从网络学习角度看，学习者在机器面前，缺少现实环境中人与人的真实交流，人群之间的直接接触。世界是现实的，虚拟生活不能代替真实生活，缺乏人与人之间的沟通，隔离了个体和群体之间的联系，学习者很难培养出合作能力，提高探究精神等各项综合素养。

组织管理较差。传统课堂上，老师的威严性可以约束课堂纪律，也能提高学生学习的专注度。由于在线网络教育不能直接对学生起到约束性的作用，很多人进行在线网络学习时，前期的积极性很高，但很容易被其他新鲜事物所吸引，放松学习自觉，分散了学习的专注力，这也是大多数人进行在线网络学习时的普遍现象。

在线网络教育缺乏情感交流。传统的授课方式存在一定的弊端，但是师生之间可以面对面交流，彼此的情绪状态是可见的。教学过程中，老师可以通过人格魅力感染学生，提高学生学习效率，帮助学生获得学习以外的相关知识。但是，网络课程单纯就是教学，学生面对的是冷冰冰的机器，无法通过机器与老师进行情感交流，这也是在线网络教育存在的弊端。

在线网络教育投入较大。在线网络教育和传统教育相比投入更大，技术成分更高，由于是一个老师面对无数个学生，教师的资质必须很高，教学硬件设备和网络速度必须有充分保证，所以需要在设备、师资等方面投入大量的资金。这也使得一些经济不发达地区由于成本的原因难以接受，甚至一些经济落后地区缺少一个良好的网络传输环境，这些问题都直接限制了在线网络教育的发展。

在线网络教育的其他弊端。在线网络教育学习者长时间面对电子产品进行学习必然会造成眼部疲劳，对视力造成一定损害。此外，对着一个固定的机器，学生在屏幕面前需要固定身体和姿势，长此以往容易引起肩颈不适。而缺乏课堂约束和管理也使得学生在学习时容易半途而废，毕竟学习都是枯燥的，枯燥的学习内容必然会影响最终的学习效果。传统的教学方式很多人习以为常，一旦习惯了这种教学方式，要去改变是很难的，所以在线网络课程也受到了不少学习者的抵触。

在线网络教学的出现使教育行业发生了巨大的变化。对于学生而言，在线网络教育扩充了视野，大量的教育资源填补了知识量的不足，赋予了学生新的学习方式。但是，由于在线网络教育存在一些弊端，在一定程度上阻碍了在线网络教育的发展。我们只有努力构建和完善在线网络教育体系环境，才能推动在线网络教育更好发展。

第三节 基于网络教学平台的教学方法

在新冠病毒疫情的影响下，全国大部分学校开启了网络教学模式，对这个全新的教学模式进行探索。在此教学过程中通过实践摸索出一些合适的教学方法，包括教学平台的选择、课程设计、实施，并对网络教学中存在的利弊进行了分析。

在新冠病毒疫情的影响下，全国大部分学校都延迟了春季返校时间，在上级教育部门的精心组织下，根据“停课不停学”的文件精神，学校制定了网络教学方案，并组织教师参加网络教学平台使用方法的相关培训，让教师更快地熟悉网络教学的模式及技巧，将教师从线下面对面的教学方式转为线上“面对面”。在网络教学期间，笔者对教学方法进行了探索和总结。

一、教学平台介绍

（一）腾讯课堂

腾讯课堂可以进行网络直播课，分为教师版和学生版，学生根据教师的课堂二维码或者链接就可以进入课堂。教师版可支持分享屏幕、播放视频、PPT 三种直播教学方式，相互可以切换，具有签到、举手、白板等教学辅助工具，满足教学的基本需要，出于对隐私的保护，只有教师端可以打开自己的摄像头，实现不了真实的双方面对面。由于腾讯课堂不支持上传资料、发布作业、考试等功能，所以需要借助另外一个教学平台来实现这些功能。学校之前引进的智慧教学云平台就可以满足此需要。

（二）智慧教学云平台

智慧教学云平台包括网络课程平台、共享型专业教学资源库平台、在线考试平台和实习管理平台，与教学有关的是前三项。

网络课程平台：教师可以方便地在平台上进行网上备课、网络课程制作、教学内容发布等，平台提供教学资源的上传、共享、查看、评论等资源管理功能。

在线考试平台：实现网上考试、练习、成绩排行等功能，并能够保存答卷、自动判分和成绩查询等功能。

（三）腾讯会议

当在直播课程中需要学生进行分享他们的屏幕讲课、演示、讨论时，可以采用腾讯会议，它是一款音视频会议产品，通过小程序输入会议码就可以进入教师的会议室，操作方便，小组成员也可以建立自己的会议室，对教师布置的任务进行讨论。

笔者在教学过程中就采用这三个教学平台进行教学，根据课堂设计进行实时切换。

二、教学设计

根据学校网络教学方案，结合课程的教学大纲，并考虑疫情期间的特殊情况，实操内容无法实施，适当调整教学内容并制订网络教学授课计划、教案。

教学设计的原则是先易后难，符合学生的认知过程，课堂知识点突出，老师讲课的时间适当控制，增加一些互动环节、创新任务，以学生为中心，充分调动学生的积极性和创新思维。

三、教学实施

（一）课前准备

1. 教师活动

教师精心设计教学内容、互动环节、检验学生听课情况方式，制作课件，准备视频，归类放置文档资源，方便直播课时快速找到；提前在智慧云平台发布预习作业和共享资料；提前试播，检测是否正常；提前预备方案应对直播课堂可能出现的突发情况；收集学生喜欢听的音乐，在直播预热阶段进行播放，吸引学生注意。PPT 的首页包含本次课的主要内容、课堂签到方式和时间、直播开始时间、课堂注意事项等，可以让提前进入直播课的学生能够非常清楚地了解这些事项。

2. 学生活动

明确每一次的学习目标，根据教师在平台发布的资料，及时查阅、收集资料并完成相应的预习作业，提前对新知识有一定的了解。在此过程中，学生通过主动学习，发现问题并通过思考解决问题，然后反馈给教师，针对自己不太懂的新知识，带着疑问在课堂上听课；准备听课设备、教材和学习工具。

（二）课堂实施

1. 直播预热

正式直播课之前，学生提前进入课堂，教师将 PPT 首页内容放在直播课上并播放学生喜欢的音乐，教师可以打开自己的摄像头，让学生看到自己，并和学生在讨论区进行互动。关注进入课堂的学生名单，及时提醒未到课的学生。

2. 直播课堂

直播课正式开始，启用腾讯课堂签到功能，检查在线成员情况。讲解新知识之前，展示学生作业的完成情况，并选取学生的作业作为例子来讲解作业，调动学生的积极性。

在新知识的讲解中，教师根据教学内容采用讲解、演示、讨论或视频播放等多种教学方式。在讲解过程中，注意语速语调，并配合画笔，边讲边划 PPT 上的内容，对重点内容进行特别标注，避免学生走神。每讲解一小段时间要进行互动，课堂上多设置答题、提问、讨论环节，让学生参与课堂讲课，以学生为中心，及时检测学生知识掌握情况及在线听课情况，奖惩分明，学生会更有动力参与。学生通过互动环节，对问题进行思考，发表观点，掌握的知识会更加牢固。在此过程中，教师进行指导、点评、知识补充。根据课堂设计，在直播课堂、腾讯会议、智慧云平台进行切换。课堂结束时教师对本次课主要的知识点进行总结，学生通过观看回放和查阅资料查漏补缺。课堂预留答疑时间，及时解答学生的疑惑，学习效果会更好。

（三）课后作业

每次课结束之后及时布置课后作业和预习作业，作业的难度适中，增强他们的信心和成就感，可以通过设置加分拓展题让学生的能力得到提升。题目的设置要灵活多变，让学生通过归纳总结才能得到最终答案。

四、教学反思

（一）网络教学的优势

网络教学的优势如下：①教师和学生的上课地点在保证网络畅通的前提下可以自由安排，教学设备多元化，手机、电脑、平板、电视都可以。②教师角色转变。教师在网络教学中身兼数职，既是编剧、策划、导演，也是主播，需要学习和提升教学技能，激励教师的成长，同时也给予教师很大的自由发挥的空间，可以设计适合自己的个性化教学方式；教师课后通过回放，可以及时发现自己的不足，并在后续进行改善。③增进了教师之间的相互学习，教师可以进入其他教师的课堂，学习好的教学方法，提升自己的教学技能。同时，加强了相互之间的监督，教师备课、上课会更加用心、细致。④学生角色转变。学生在网络教学中，身边没有人提醒和督促，需要更自觉、独立、主动学习，克服懒散、依赖的习惯。学生可以课后根据需要在网上参加其他课程的学习，同时对于直播课堂上没有好好掌握的知识，可以通过回放再次学习。

（二）网络教学的弊端

网络教学的弊端如下：①网络教学需要用到手机、电脑，还要保证有流畅的网络，有些地方无法满足，有时候会出现突发状况，比如教学平台故障、断网等，影响教学效果。学生经常面对手机等对视力的影响比较大。②网络教学中教师不能看到学生的上课情况，学生也不能真切地感受教师对他们的关爱，和学生的交流受限。学生上课身边缺少交流和督促，容易走神，放松自己，另外觉得可以看回放，就不会太认真听课，学习状态和效果难以保证。③有些教学内容需要线上教学和线下实操配合起来才能达到最终的理想教学目的，在无法进行实操训练的情况下，会降低学生对课程的兴趣。④网络教学作业容易存在抄袭的现象，有些自制力不强的学生就喜欢复制粘贴，还无迹可寻，非主观题喜欢乱猜，这就失去了做题的意义。

网络教学是一种新的教学模式，在这个疫情期间，通过真实的网络教学实践，及时了解了它的优缺点，扬长避短，发扬它在教学过程中的优势，服务于课程学习。针对它的弊端，采取预防应对措施，多加强对学生的思想教育，课堂教学、考核方式、作业布置讲究策略，灵活多变，课堂奖惩分明。

第四节　黑白木刻网络教学

在疫情防控的全局意识下，高校积极响应国家开展线上授课的号召，而黑白木刻作为实践性极强的教学科目，具有其领域内本身的特殊性。本节结合黑白木刻的特征，探讨其网络教学的特点及具体方案，试图探索在特殊疫情下如何更好地利用网络资源进行黑白木刻教学，并且希望今后能够将网络课程作为平常课程的补充，继续发挥网络教学优势，让黑白木刻在电子媒介中找到新的发展方向。

一、版画网络教学的必要性与前景

2020 年 2 月 28 日，教育部党组印发通知，全面部署统筹做好教育系统疫情防控和教育改革发展工作，要求进一步做好在线教育教学，充分认识到学校在疫情防控期间大规模、成建制开展在线教育教学，是对教育系统应对重大突发公共卫生事件能力的一次检验，对运用信息化手段推进教育教学改革具有重大意义。学校既要明确当前线上教学“教什么”和“怎么教”，又要不断探索开学后课堂教学与线上教学的有机结合。

基于网络特性分析，网络教学有如下优势：（1）打破了空间局限，空间分离可有效控制病毒扩散；（2）网络资讯发达，素材多、案例多，学生可自行搜索国内外优秀的黑白木刻作品；（3）有助于学生发挥创作灵感，从侧面丰富黑白木刻的语言；（4）可广泛传播黑白木刻知识，进行行业交流。高校可以邀请专业人士开展跨地域讲座，甚至要求策展人、画廊、美术馆等相关人员进行线上线下黑白木刻展览，这样既能节省交流的成本，又能通过网络向大众展示精彩的木刻作品。

二、黑白木刻网络教学的特点

（一）黑白木刻教学的基本要点

黑白木刻有两个教学目的：其一，学习黑白艺术的处理方法和刀触语言组织方法，掌握制版、印刷工艺流程，了解印刷原理。通过讲授黑白画理，让学生对画面的构图、色调、布局、节奏、肌理和变化等有初步的理解和把握。其二，以变体练习为手段，引导学生领悟木刻艺术的语言特点，使其能熟练运用黑白木刻技法，为将来进行插画艺术创作奠定基础。

黑白木刻的基本过程可分为三步：（1）绘制画稿。画稿设计主要以黑、白、灰三色构成，在创作画稿时强调画面的黑白对比、光感，以及对中心事物或者事件的刻画。（2）刻板。根据黑白画稿进行刻板复制，需要注意线条分布的一致性、主要造型的准确性，以及具体刀法的应用。（3）印刷。印刷是成画的关键，需熟悉纸张的挑选、设备的轻重，知晓油墨的多与少及母板对机器压力的承受程度。

（二）黑白木刻网络教学的特点

从网络角度结合黑白木刻的教学特点来看，黑白木刻的网络教学主要有如下优势。

（1）开放的信息传递。网络课程改变了纸媒、电视、广播等渠道的单向信息传递方式，使信息传送模式具备双向传递的特征，这种双向交流既可以是即时的，又可以是跨时间（用视频、录像等形式进行保留）的。一方面，便于学生随时与教师交流，接收教师传来的教学资料；另一方面，便于教师检查学生的学习情况，及时给予指导。这一方式还可使教师快速收到教学反馈，进一步调整和改善教学计划，使教学更加优化。网络教学不仅可以提高学生主动参与的积极性和成就感，还便于社会公众参与课程，为课程提供多元化评价。在充分开放的网络中，学生可以根据自己的需要，搜索丰富的黑白木刻学习资源，如黑白木刻的制作方法、相关美术史，以及中外艺术家的在线作品欣赏等。学生还可以结合自己的学习状况、兴趣、爱好，制订适合自己的学习计划，进行绘画元素设计。

（2）打破了传统的教学方法。其一，打破了工作室的地域限制。黑白木刻教学一般只能在工作室内进行，而网络课程从根本上突破了地点的局限，表现出极大的开放性。学生可以在任何时间、地点接受网络学习。学校从有围墙的实体转变为可覆盖全球的知识网络。课程不仅在时间、空间上实现了开放，还能对所有个体进行开放，个体不会因年龄、性别、种族等因素被拒之门外，这是真正意义上的开放教育。其二，多媒体的创作方法打破了传统的创作方法。网络课程的基本模式是对多媒体的应用，学生可以通过视频、音频、直播等媒介学习，学习环境更加多样。另外，通过电脑软件进行的黑白木刻设计，仍具有一定的探讨性，对于“软件处理—打印输出”的非传统创作，可以在学术上开展进一步研究。

（3）促进多元交流，滋生多种可能。网络学习更能体现协作优势，教师作为学习过程中的主导者，应引导、促进、帮助学生进行小组协作学习，使学生在协作学习中加强合作共处的能力和探索精神，这对其良好人际关系的形成也有明显的促进作用。小组学习可以使学生深化、理解问题，还能帮助他们快速掌握并运用相关知识；小组学习提高了网络课堂的交互能力，摒弃了传统课堂中单纯的人机“刺激反应”的交互形式。

网络资源十分丰富，黑白木刻网络教学能给予学生最基本的创作方法和工具使用流程。

同时，对于艺术风格和艺术作品的创作，学生也可以在网络上与他人进行合作和交流，使自己获得更多创作灵感。教师借助网络资源，根据不同的主题，引导学生分组讨论、尝试，促进了学生之间的交流。总归，网络教学可以促进学生对课堂知识的运用，还能锻炼学生的交流、协作能力，拓展其对创作的设想，并勇于创作，滋生无尽的可能。

（三）黑白木刻网络授课的局限

（1）黑白木刻制作版画时需要机器，而机器的非普及性，使参加远程网络教学的学生难以亲身操作机器，导致学生对工作机械不熟悉。（2）网络的远程特点给学生提供了逃课的可能，难以保证所有学生按时在线学习。（3）过多的信息会导致学生无法集中精力寻找适合自己的创作，有随时被庞杂信息迁走思维的可能。

三、黑白木刻网络教学的远程办法探讨

黑白木刻教学应让学生熟悉画稿、刻板、印刷等基本操作。为了让学生在学习之后能无缝衔接黑白木刻创作，本节将黑白木刻分为理论课的网络讲演方案和版画制作过程的网络模式方案，用以讨论黑白木刻网络教学的具体模式。

（一）理论知识的网络讲演

网络课程中的艺术与设计，是艺术与技术的整合、内容与形式的统一。黑白木刻基本知识的讲演分为两个部分：（1）中西方黑白木刻发展史；（2）黑白木刻相关理论。“会议软件”是将学生聚集在课堂的最好方法，目前常用的会议软件可以解决学生在线齐聚一堂、及时打卡的问题，如“钉钉”“腾讯会议”等软件。它们的操作步骤区别不大，第一步，教师（群主）建立一个交流群或一间会议房间；第二步，要求学生进群（或会议间）。在这些软件中，组织架构的层级关系十分明晰，除了班级群，还可以再建立子群聚项目（部分视频会议具有人数限制），教师可在相应用户群或者网络会议室中发起直播。

黑白木刻的理论知识主要有：（1）讲解基本的运刀方法及木刻语言；（2）用三角刀、圆刀、斜刀、平刀、木口木刻排线刀等分别完成一张同一主题的作品；（3）引导学生尝试黑白木刻及刀触语言协调关系的多种可能性。

上集体课的时候，教师可要求学生打开摄像头，关闭麦克风，以保证学生能保持基本的网络课堂秩序。另外，为了活跃课堂气氛，紧抓学生的思维，教师会随时要求学生在线回答问题。教师和学生必须要在电脑或手机上安装相关会议软件，为顺利进行网络教学提供保障。

（二）版画制作过程的网络教学

版画制作过程的网络教学有两种可能性，一种是制作实际工具的操作视频，另一种是进行电脑与网络工具的版画模拟。

实际工具操作视频是针对黑白木刻基本操作而言的。目前，实际工具操作视频的网络制作主要有两种方式：（1）将整个制作过程和规范的操作细节制作成视频，在课堂上给学生观看。但由于线上授课开展得比较急，课时量又大，在网络教学中，申请视频制作时应顾及学院实际情况，要考虑教学视频的针对性。视频制作流程如下：A. 拍摄，用摄影器材将木刻版画的制作流程全程拍下。B. 用采集卡采集数字视频文件，由视频编辑软件生成 AVI 和 MOV 文件、WAV 格式的音频数据文件、无伴音的动画 FLC 或 FLI 格式文件，以及各种格式的静态图像，包括对木刻版画制作过程之中的讲解文字等，应该用 BMP、JPG、PCX、TIF 等格式保存，随之将其插入每个流程的节点。C. 剪切，将重复、无效的视频内容剪切掉，插入视频声音、讲解部分的文字及图片。D. 后期，主要是对注意事项的处理，如处理音效文件、添加字幕文字等。E. 生成视频文件，生成的视频文件多为 AVI 格式。（2）将木刻版画的制作过程进行全程直播：目前很多具有直播功能的开放平台，如“腾讯课堂”是腾讯推出的专业在线教育平台；“云朵课堂”是一款可为教育机构、企业、教师和个人提供包括直播、录播、学员管理等功能的在线视频教学软件；“网易云课堂”是网易公司打造的在线实用技能学习平台。在直播的过程中需要一人摄影，一人操作并讲解，就可以完成直播，在此过程中只要保证学生的在线听课率即可。

在网络授课中，相比视频和直播分开一一放映，将直播和视频一起利用起来的效率会更高。一方面，学生与教师在直播过程中有一个互动交流的过程；另一方面，学生可以反复观看，认真记住操作细节和步骤，二者结合使用既可以保证学生及时学习，也可以给学生一个标准流程让其反复观看，夯实基础。

第二种远程木刻版画教学是电脑与网络工具的版画模拟，利用数码技术模拟黑白木刻的风格特征，只要有电脑与绘画软件即可，例如 Adobe 公司所研制的 Photoshop 等图像处理软件（在有条件的情况下建议使用数位板）。该方式模拟木刻版画的根本逻辑在于：（1）可以制作模仿刀刻的笔触效果，模拟木刻创作；（2）借助电脑软件切换的便利，可在阴刻和阳刻之间自由转换；（3）软件的设计逻辑具有和木刻版画同样的层次，先将线条进行风格化设计，再建立黑、白、灰三色之间的关系。这样做的好处在于，开放了版画的制作过程，增多了可用的元素；弊端是架空了传统版画的制作过程，其在印刷、雕刻中的不可控纹理灰随之消失，减少了艺术的可能性，且对学生进入工作室创作有操作上的影响。

综上所述，黑白木刻网络教学的基本难点在于其操作性，以及如何让学生熟悉工具。虽然可使用视频和直播的方式让学生熟悉黑白木刻操作过程，但是由于与工具的距离感导致学生无法进行真实的创作，难以有真实的创作感受。所以，在教学中，教师可将视频和直播作为网上教学的主要对象，再以电脑软件创作课程作为辅助，两者同时使用，以增强学生的体验感，这应是条件限制下网络课程的最好效果。

总结网络授课的特征、黑白木刻的教学特色及目的后可以发现，网络授课既有其明显的优势，又有具体的困难。本节试图从当下的技术出发，探讨黑白木刻网络教学如何开展的问题。一方面是基于新型冠状病毒疫情防控的急切需要；另一方面，是对黑白木刻教学网络化的可能性探索。主要方案是以会议软件作理论知识的网络讲演，以直播和视频演示黑白木刻的传统操作过程。另一种方案是用绘图软件模拟版画创作，如电脑与网络工具的版画模拟。本节还提出了特殊时期可尝试特殊方法，如用“绘画—打印”替代“刻板—印刷”，以期能为教学提供更多新的可能。

第五节　开放共享网络教学的构建

随着教育信息化推进、现代教育技术的发展以及教学模式的变革，网络教学已成为高校教学手段的重要构成。通过收集与分析福州大学近 10 年来网络教学实施数据，从使用者角度探讨高校实施网络教学的主要影响因素，为构建开放共享网络教学提供建议。研究表明：打通资源空间，物理空间以及社交空间的开放共享网络教学的构建，可避免重复建设，可为教育管理者、教师、学生带来管理的便捷、教学的个性化多样化，并为信息化教学的进一步改革提供有益参考。

近 10 年来，随着信息技术与计算机技术的广泛应用，网络教学以其具有在线教学的诸多优点，迅速成为国内高校教育信息化建设的重点，这是教育信息化发展、教育技术发展以及教学手段变革的共同结果与重要现象。本节通过研究福州大学近 10 年期间网络教学实施情况，以此来探讨当前教育信息化时代下的网络教学构建理念与重要因素。

一、信息化时代下的网络教学现状

2010 年，《国家中长期教育改革与发展规划纲要》指出：“信息技术对教育发展具有革命性影响”，2015 年 5 月国际教育信息化大会，总书记提出：“构建网络化、数字化、个性化、终身化的教育体系，建设‘人人皆学、处处能学、时时可学’的学习型社会，培养大批创新人才”的观点，2015 年 11 月，联合国的《2030 教育行动框架》明确指出：“未来人的发展目标必须实现全面、自由以及个性化；未来教学平台必须确保全纳、公平、优质以及支撑终身学习”。2017 年，美国国家教育技术计划也再次提出教育变革重点在于利用技术来改进学习。综上所述，教育的信息化已成为社会发展大趋势。不论从国内外，技术改进学习已成为教育改革的重要研究领域。

纵观国内相关研究，过去 10 年间，网络教学在教育体系中的发展至少经历了 3 次升级。第 1 阶段是以局域网时代高校自主研究搭建网络教学平台为主，用户面向本校师生；第 2 阶段，随着网速提升，以 MOOC 为主的在线教育平台模式开始出现；第 3 阶段是移动通信和个人智能终端的时代，第 43 次《中国互联网络发展状况统计报告》显示：“网民规模达 8.29 亿人，互联网普及率 59.6%”。许多知名企业和研究部门也开始纷纷投身其中，如爱课程、好大学、新浪、超星、网易等，都已十分重视网络教学的商业开发。

二、现有网络教学的局限性

尽管当前网络教学已经具有教育信息化的特点，但存在的一些局限性也不容忽视，关注国内典型项目有利于从本地化把握。从我校为发展网络教学所引入的几大网络教学平台，均拥有多家高校与教学机构参与其中，并在国内具有较典型的代表性。为更好了解网络教学发展现状，从课程类别，课程数量、使用机构及学习成效等方面分析及对比这 3 家平台局限性及共性。

（一）网络教学资源共享困难

对院校而言，网络教学是教育信息化建设的重要构成，其应用环境——网络教学平台建设与推广，自 2005 以来，一直处于飞速发展与迭代更新状态。从 2014 年起，以院校自主研发网络教学平台渐渐退至幕后，企业与相关科研机构纷纷进入网络教学平台研究领域。国内各大平台通过校企合作，积极占有市场。这一竞争，导致多家平台并存于高校内部，平台与平台间形成利益壁垒。在这一现象下，课程资源实际上是不能得到有效共享。

从调研中可得知，使用者选择平台，大多由政策导向所决定。教师为了得到某个立项资格或是参与某个教学评比，常常不得不在不同平台上重复建设同样的课程，这是教学平台之间资源无法共享的弊端的典型表现。从使用者来说，封闭不能共享的多个且功能基本相同的网络教学平台只能是使用者的负担与累赘，而师生在每个平台注册一个账号，给使用带来很大麻烦。长此以往，必然伤害教学信息化改革的积极性。

（二）网络教学资源缺乏知识体系的规划与构建

我校三大平台共上线 1000 多门课程，从学科分布上看，主要集中在公共基础课，通识课，精品示范课程。以上线课程数量最多的外国语学院为例，其 80% 的上线课程资源都是相同的公共基础课，专业课相对较少，其课程资源并未覆盖培养计划所列课程，就专业学习来说，是不能成为一个完整的知识体系，对于大学生的专业学习、系统学习是没有帮助。

与此同时，大多数教师认为网络教学平台仅把课堂教学的笔记、教案、上课视频从个人电脑、从课堂搬运至网络空间，并没有进行知识的梳理、归类。对理工类具有较强理论与实践相融合特征的课程教学来说，学生对所学知识“只知其表，不知其理”，知识点、知识没有形成合理的知识体系；最终导致“教”与“学”脱节，“学”与“用”脱节，没有达到教学目标。故目前网络教学平台的课程资源是缺乏知识体系的规划与构建，是无法实现学生的专业学习。

（三）个性化培养不足，师生难以使用

家网络教学平台在教学模块的设计上仍未跳出以知识的单向输出为主要模式。平台虽

对协作学习与自主学习有简单设计，但主要教学模式还是以课程展示为主，大多数的课程实际上是把课堂实体教学模式原样上网，在实际应用中，主要还是以展示为主，基本无法实现个性化、差异化教学。

（四）政策支撑不足，学生学习积极性不高

在实际调研中，尽管有些平台在学习过程记录与学情数据挖掘反馈方面，已有相对出色的表现，但并不为教学管理部门所采用，网络教学平台上的学习成果并未纳入学分体系，即便部分院校有计学分，但分数值极低。网络教学平台并未真正被纳入教学环节。学生在网络教学平台的学习积极性较低。

现有的网络教学在政策推广缺乏顶层设计与统一管理，在资源储备上，无法形成知识的系统；在功能模块设计上，是无法实现个性化、差异化教学。网络教学实质上并未给使用者带来应有时间与空间，更无法做到全纳、公平、优质以及支撑终身学习。

针对上述问题，本节将结合网络教学开放共享特性，参照学习过程原理，以师生个性化教学为核心，为网络教学的构建提供思路。

三、开放共享网络教学构建的思路

从统筹考虑教、学、管等多层次需求，提出一个优化时间与空间的集约型网络教学理念。这一设计以人为本，顺应教育信息化的需求，破除平台间壁垒，谋求使用者在时间与空间上的最大优化。

理想的网络教学应集成教学、学习资源和教学支持服务为一体，确保网络教学资源得到的有效监管，在做好知识体系的顶层设计前提下，完成资源的准入、建设、管理以及跟踪反馈，确保在源头，就能完成教学资源的分类存储；对教师而言，网络教学必须提供有效功能模块与技术手段，让教师可利用网络教学资源进行合理组合，轻松备课，不要把有限的时间浪费在课程资源的低级建设上；对学生而言，网络教学必须保证所提供的学习资源的完整，学习资源推送符合培养计划要求、先修后续课程体系明了，学生可轻松获得学习体验，实现专业学习。

（一）实施的前提与基础

（1）教育行政主管部门。①精心调研，做好顶层设计与规划，为网络教学建设与发展提供理论依据与指导；②协调课程、院校、行业、企业等利益相关者，化当下分散网络教学平台为集中统一的平台；③制定持续政策研究与评估机制，制定网络教学平台规范标准，课程质量标准，做好网络教学资源准入、建设、管理以及跟踪反馈工作；④促进知识体系标准的形成，加强知识的梳理，形成知识系统，为实现课程定级制度提供有力支撑。

（2）学校。学校网络教学必须在明确人才培养目标前提下，确立以学为中心，以学生学习能力达成为目标的教学理念。学校要提供课程资源，积极配合教学行政主管部门促

成知识体系、课程体系的建设，促成资源以知识点形式存储；其次要依托教育行政管理部门系统，制定长效管理制度，促进考核、评价与激励机制的建设，调动教师与学生积极性，以整体、系统观的思想，为网络教学建设与发展提供开放环境。

（3）教师。教师需顺应信息化时代教育行业本质变化的趋势，梳理教学现状与需求，积极推进以评学为核心的教学模式发展，完成知识的灌输者到学生的帮助者角色的转变；通过学情数据的追溯、分析，实现人才培养全过程的数据化管理，实现教师教学情况以及学生学业情况的合理评价与分析反馈，并为培养模式、教学手段、学习方法的持续改进提供精准化建议、个性化服务，以及有效数据支持。

（4）学生。信息化时代的教育目标是学生学习能力达成与价值观的培养。在这样的趋势下，学生需努力适应信息化时代的教学模式，在学习过程中主动改变学习行为、学习习惯、学习方式，通过信息化新手段、新技术实现学习的个性化，促进学习能力的达成。

（二）理论依据

不管教学模式如何变化，学习过程的本质是不会变化。结合高校信息化建设实践，教学管理实践，深入研究学生学习过程，学习行为，教学规律，提出一个基于学习过程的教学模型，为下一步的网络教学框架设计提供有力依据。

（三）框架设计

根据学习过程模型，学生要达成知识的内化，需要的是不断的反馈与持续改进。反馈属于现代科学技术中的基本概念，它是指控制系统经过一定的检测装置将得到的输出结果返送给其输入端，并以某种方式改变输入，影响系统功能的过程。为实现这一功能，以使用者为核心，以评价反馈为切入点，从内外到内，分别是毕业达成度评价，里面是课程评价，最里面是知识单元评价，由毕业要求→培养目标→专业学习策略→课程目标→课程学习策略→单元目标→单元学习策略→学生（学习的主体）构成一个完整的循环反馈圈。在控制学科中，越内环周期越短。单元评价出问题，那么下一个单元的学习策略就要调整。通过评价和目标进行比较形成正负反馈，根据反馈的情况再来比较、调整下一单元学习。几个单元学完就是课程评价。由此一层一层往外推，即可完成对课程的评价，发现课程学习问题，从而调整课程学习策略。再从而调整下一届的专业学习策略，最外面一层的毕业达成度评价，是对 5 年的毕业生进行评价，目的是调整毕业要求。在某个层面来说，反馈机制的持续改进理念也是工程教育认证的重要理念之一。

四、开放共享网络教学的构建意义

一个打通资源空间，物理空间、社交空间的全新网络教学环境，可为多样化教学提供有效的软硬件环境保障，为教育行政管理部门对院校的集中管理提供手段，为教育政策制定提供有效的数据支撑。

教育行政主管部门的行政介入网络教学环境顶层设计与管理。这一变革将有效打破平台壁垒，品牌限制，实现平台资源的整合，促进教学资源共享，便捷了教师的教学、研究、管理工作，简化了与教学无关的烦琐重复的工作，从而有效解决资源的重复建设，多平台获取困难等问题。

学校的有效管理与参与，将使知识体系的构建成为可能。通过对知识的系统化、教学资源碎片化，新的网络教学平台能够实现课程定级，为后续的差异化教学、个性化教学打下基础。

反馈机制引入网络教学，将为个性化教学提供有力技术支撑。让学生真正实现学习的优化，通过这一全新平台，及时了解学情，发现问题，并根据学情反馈建议，重新进行知识点学习，从而实现学习个性化。

文章从使用者角度探讨高校实施网络教学的主要影响因素，打破当下网络教学的局限性，初步完成了开放共享网络教学框架构建，为教师教学效率，学生学习效率，管理者工作效率的提升，为信息化教学的进一步改革提供有益参考。

第六节　音乐课程网络教学探究

近些年来，随着科学技术的发展，互联网的广泛运用，网络教学成为了一种新兴的教学模式。有很多网络平台功能可以供教师们开展教学使用，也有专门的网络课程平台供学习者选择使用。在本节中，笔者结合开展网络教学的实践情况和对学生学习效果的调查，对音乐课程网络教学做了如下的探析。

一、音乐课程网络教学的优势

（一）教学内容更形象化

音乐是一门听觉的艺术，它通过不同的旋律展现不同的情感和音乐文化特点，对于音乐学习者来说，音乐是较为抽象的内容。在音乐教学中，为了使学生能更好地学习和理解音乐，往往需要通过音、图、视频等资源结合的形式来展现音乐，使抽象的音乐形象化。在音乐课程网络教学中，因为网络功能的便利性，教师可以充分地运用图像、视频、语音、字幕等内容和音乐进行配合，这样能使教学中的音乐呈现更形象化，让学生能够在学习中身临其境，更好地感受音乐的美，同时，也能更好地激发学生的学习兴趣，使他们的学习印象更为深刻。

（二）可以借助优秀的教学视频资源

在网络的教学平台上，提供了很多可供选择的教学视频，就音乐类来说，基本涵盖了从理论学科到技能学科的大部分课程内容，比如：乐理、视唱练耳、钢琴基础、音乐史、音乐鉴赏等。在这些教学视频中，大部分都是由经验丰富，语言表达较好的音乐教师进行讲解，通过这些教师形象生动地介绍，可以引导学生积极地参与到学习当中。在开展音乐课程的网络教学中，我们就可以借助这些优秀的教学视频来进行教学，使教学效果得到更好的提高。对于一些师资力量不足的学校来说，也可以通过网络教学平台，借助优秀的音乐教学视频资源来展开教学，保证音乐类课程的均衡发展，使学生音乐素养得到更好地提升。

（三）有助于学生巩固复习

在音乐课程的教学内容中包含了技能型很强的环节，这些技能性环节仅仅通过文字的介绍是不够的，必须要依靠教师的现场示范与解说共同完成。比如：在钢琴课的断奏学习中，关于断奏时手臂和手腕的起落动作要求都需要教师先进行示范，学生才能够分清具体的动作规范要领。而下课后，学生只能依靠课堂笔记的文字记录来进行复习，对于教师所示范的一些技巧内容只能依靠记忆巩固，所以还是会出现体会技巧要求不够准确的情况。在网络教学中，通过网络教学平台的保存功能，可以将教师上课进行讲解和示范的内容进行保存，这些保存下来的视频可以在规定的时期内进行重复的回放，这样可以让学生在课后再次观看教师的亲身示范，能够对所学的知识进行更好的巩固。

（四）有助于教师进行学习数据的统计

在传统的课堂教学中，教师如果需要对学生学习的情况进行了解，只有通过集体回答问题或抽查的形式来进行统计，在音乐课程的教学中也是如此。比如：在乐理、视唱练耳等课程中，往往采取的是大班教学模式，人数较多，一般的检查模式都是单个抽查或者集体检查的形式。教师如果要想掌握每一个学生课堂学习的进度，了解每一个学生存在的问题就需要耗费很多时间，对教学进度也会有影响。在网络教学中，因为计算机运用在统计数据方面具有便利性，教师可以通过平台的数据收集来掌握学生完成作业的情况和学习进度，及时发现学生学习存在的问题，这样可以更好地进行教学总结，提高教学的效率。

（五）有助于加强课堂交流

在音乐教学的过程中，为了激发学生的学习积极性，掌握学生的学习情况，教师会采取各种方式开展课堂交流，比如：师生交流、学生之间的交流等活动。但是因为课堂时间的局限性，不能所有人一起同时谈论并发言，所以交流的方式多是教师与个别学生之间、学生小组成员之间进行。在网络教学中，学生就可以更自由地进行发言，当教师提出一个问题之后，学生可以在教师提出的问题下进行及时留言，教师也可以同时看到学生们不同的答案，可以最大范围地掌握学生对知识点学习情况，及时给予分析和解答。而对于一些平时自信心不强的学生来说，在网络平台上发言可以更加毫无顾虑，更加大胆地进行回答，极大地提高了学生的参与性，也使课堂交流更加活跃。

二、音乐课程网络教学存在的问题

（一）教学易受网络的干扰

在进行网络教学时基本的保障条件就是网络的稳定性，只有在稳定的网络环境下，教师才能够顺利开展教学活动。在开展音乐课程的网络教学时，笔者最大的体验就是网络的不稳定会导致各种问题，影响教学过程。如：在视唱教学中，笔者通过抽查学生进行视唱的视频来了解学生在课堂学习的情况，有时候由于网络不稳定，学生上传的视频在播放时容易出现一些声像脱节的情况，或者是视频播放时声音的音色效果与实际效果不够吻合，这样就无法准确地反映出学生在进行视唱时的准确的状态。

（二）缺少实训设备，不利于开展教学实践

在音乐课程中包含了理论性和实践性两大类课程，其中实践性的课程包括了各种器乐、声乐等科目。对于器乐类的音乐课程来说，学习者在参与教学活动的过程中需要必备的实训设备，也就是相应的乐器。网络课程虽然可以形象生动地展示教师教学讲解的内容，但是无法提供必备的教学设备。在笔者教授的《钢琴基础》课进行网络教学中，最严重的问题就是缺少实训设备——钢琴，在笔者所教授的专业里大多数学生家中是没有钢琴的，甚至连电子琴都没有。在钢琴教学中，钢琴是学生将理论知识转化为实践的一个重要因素。如果只是光看教学视频，或听老师在网上的讲解，学生能够领会到的只是理论知识的内容，还不能转化为自身掌握的能力。所以说，音乐课程在进行网络教学时，出现缺少实训设备的情况，就会影响教学实践的开展，也无法达到教学目标要求。

（三）教师无法进行有效监督

在网络教学中，由于教师并不是进行现场教学，学生学习时面对的是电脑或者手机屏幕，学习环境一般是在家中，教师无法对学生进行随时的监控，在没有教师监督的情况下，有的学生容易产生分心或注意力不集中的情况，也降低了学习的效率。

（四）教师对网络教学技术不够熟练

在学校的音乐课程教学中，基本是以线下教学为主，教师们接触网络教学的机会很少，也较少有机会参加相关的网络教学培训，对网络教学中的一些技术运用不熟练。所以，当教师进行网络教学时就会出现一些操作技术方面的问题，影响上课的效果。

三、音乐课程网络教学存在的问题的对策

（一）结合课程特点设计网络教学

不同的音乐课程有不同的特点，在进行网络教学时应该针对不同类型的音乐课程特点

来进行设计。如：《中外音乐史》《音乐欣赏》等课程理论性强，需要有形象生动的内容讲解和展示，那这类课程就可以充分进行网络教学。而像《钢琴基础》《声乐》等技能性较强的课程可以将网络教学融入线下教学中，比如：《钢琴基础》课中，教师可以结合网络教学平台中关于钢琴弹奏技巧的视频内容来对学生进行现场示范和指导，再运用网络教学中学习信息收集、课堂交流等技术手段来及时掌握学生的学习情况。同时，还可运用网络教学中对教学知识点重复播放的功能，让学生进行课后巩固复习。

（二）加强对教师的培训，提高网络教学水平

在网络教学中，教师是整个教学的主导者和教学平台的操作者。学校可以定期为音乐教师开展网络教学的培训，让音乐教师们掌握好开展网络教学的相关网络平台的操作技术，对网络教学有更深刻的认识。这样才能将网络教学更好地融入音乐课程的教学中，促进教学的发展。

（三）开发网络通信技术，完善网络教学平台功能

网络的稳定运行是保障网络教学正常进行的一个重要因素，我们在音乐课程网络教学中遇到的网络问题，也会在其它课程的网络教学中出现。为了保障网络教学的顺利进行，需要网络技术部门进行相关的研究，不断开发网络通讯技术，使网络通讯水平得到更快发展。同时，要不断完善网络教学平台功能，结合音乐课程的特点进行更优化的设置，使师生获得最好的使用效果，保障音乐课程网络教学的顺利进行。

第七节　疫情防控期间网络教学

疫情防控期间，为最大程度减少教学活动受到的影响，网络教学代替传统教学成为学校的必然选择，而且，当前发达、快捷、多样的通信技术为网络教学提供了条件与保障，使网络教学成为可能。然而，在实施过程中，由于准备不足、组织混乱、督导困难、成效难以保证等原因，影响了网络教学的顺利进行。为确保网络教学取得最佳效果，教学机构应当从做好充分准备工作、采取新的教学模式、转换教师角色、完善网络教学督促机制等方面采取措施，确保教学任务和目标得以实现。

2020 年春节前，全国各地爆发新型冠状病毒肺炎疫情，各地大专院校、中小学、幼儿园推迟开学，为确保疫情防控期间按原定教学计划开展春季学期教学工作，许多大专院校纷纷开设网络教学，一时之间，网络教学成为除疫情抗击工作之外的又一热点。

从实际情况看，许多学校在组织网络教学时，存在准备不足、组织缺少系统性和统一性等诸多问题，网络教学的实效性、高效性、通畅性难以保证，因此，如何组织网络教学成为一个很有必要的研究课题。

一、疫情期间进行网络教学的必要性分析

随着经济社会的高速发展和飞机、高铁、高速公路等交通方式的普及，人员的流动性和接触范围远超以往，人类社会出现高传染性疫情的风险也从未如此之高。例如 2020 年初爆发的这次新型冠状病毒性肺炎疫情，传播速度之快、感染范围之大、影响领域之广史上罕见。从网上数据看，1 月 20 日 24 时，国内 4 省（区、市）累计报告新型冠状病毒感染的肺炎确诊病例 291 例。到 1 月 24 日 24 时，则有 29 个省（区、市）累计报告新型冠状病毒感染的肺炎确诊病例 1287 例，确诊人数 4 天时间扩大了 3 倍，疫情从 4 个省（区、市）扩散到了 29 个省（区、市）。而到了 2 月 22 日，确诊人数达到了 76395 人，疫情扩散到了全国范围。与此同时，世界多个国家和地区出现了肺炎疫情。截至 3 月 7 日 24 时，互联网公布数据显示，中国 31 个省（自治区、直辖市）累计确诊人数 80813 人，国外累计确诊人数超过 25000 人，涉及国家超过 80 个，其中韩国、伊朗、意大利和日本累计确诊人数都超过 1000 人。

在这样的背景下，中国为有效应对疫情，全国范围内都采取了严格的疫情防控措施，生产生活秩序受到了全面影响。直到 2 月 21 日，中国疫情防控措施才逐步放松、有选择地恢复生产生活秩序。但直到 3 月 7 日，中国所有的学校还未恢复上课。据联合国教科文组织的统计数据显示，截至 3 月 4 日，为遏制新冠病毒疫情传播，全球三大洲 22 个国家已经宣布或实施关闭学校的措施，其中 13 个国家在全国范围内学校停课，受影响的儿童和青少年近 2.9 亿。

在正常教学不得停止的情况下，网络教学已经成为我们的必然选择。当前，对利用互联网技术促进教学的研究日益增多，许多学者从教学改革、提高教学质量、激发学生自主性、拓宽教学模式等角度，对“互联网＋教学模式”进行了研究，但对网络教学的出发点基本上都是发挥网络教学的辅助作用。对在特殊时期、特定情况下通过网络进行授课、代替正常授课研究的比较少。直到此次新型冠状病毒性肺炎爆发时期，高校正常教学受疫情影响全面停止，不得不纷纷转向网络教学。这种情况是前所未有的，但可以预见，未来依然会有很大几率再次出现。从现实以及未来看，作为教学机构和教学者，都应对如何有效组织网络教学给予更多的重视。

二、疫情期间进行网络教学的可行性分析

时至今日，中国的通信技术已经相当发达，为网络教学、及时互动、多点互动等提供了条件与基础。

移动通讯速度为网络教学的实效性提供了保障。当前，4G 移动通讯网络在中国已经得到普遍使用，4G 网络具备非常流畅的速度，上网速度可以媲美 20M 的家庭宽带，观看高清电影、大数据传输也非常快，稳定性也非常高，而且现在 5G 已经投入商用，其速度

相当于4G的20倍，将渗透到未来社会的各个领域，最终实现“信息随心至，万物触手及”，使网络教学如实景授课一般便捷。

智能手机的普及为网络教学的推广提供了基础。据互联网上数据显示，至2019年6月底，中国电信、中国联通、中国移动的移动电话用户总数近16亿户。其中，4G用户规模为12.3亿户，占移动电话用户的77.6%。智能手机的使用在中国已经相当普遍，特别是高校学生，几乎人手一机，网络教学在硬件设施方面已经不是问题。

网络授课软件的开发为网络教学的应用提供了条件。当前，可用于网络教学的软件选择很多，如“爱课程”高等教育课程资源共享平台、腾讯课堂、腾讯会议、钉钉、QQ群直播上课等，可以满足进行多媒体教学、师生互动、现场答疑、多点交流等不同需求。

三、疫情防控期间网络教学的组织与实施

与正常教学模式相比，网络教学有一些独特的优势，如网上学习资源丰富、学习方式多样、学习时间相对自由、学习更加主动等；但同样也存在一些弊端，如网络资源优劣不一、缺少互动交流、对学生自律性要求较高、学习成效难以保障等问题。更好地实现网络教学目标，就需要学校方面精心组织与安排，尽量避免弊端，发挥优势，确保网络教学取得成效。

（一）疫情防控期间网络教学出现的问题

疫情期间，网络教学最大的优势是在确保学生生命健康的情况下，实现“停课不停学”；同时，开始进行网上授课，从实际情况看，组织实施和网络教学过程中，出现了诸多问题。

准备不足。很多高校对网络教学重视不够，准备不足，网络课程与资源较少，发生疫情后应对措施有限；有的教师不熟悉网络授课平台和软件，有的教师没有准备好摄像头和耳麦等网络教学设备，给网络教学的顺利进行造成了不利影响。

组织混乱。在网络教学组织实施过程中，学校方面缺乏统一组织，各院系、各专业、各教研组对网络教学目标、应用软件、授课要求等各不相同；有的教师根据自己的要求和偏好各自选择授课软件，对于学生而言，则需要应对不同的课程需要安装不同的程序、使用不同的软件，无形中给学生增加了不必要的混乱和负担。

督导困难。与学生网络自主学习不同，疫情期间的网络教学从本质上还是学校组织的教学行为，有自己的教学目标和任务，对于学生而言本质上还是被动式的学习。怎样才能确保学生如同在教室学习一样受到监督、全身心投入学习就成为学校和教师不得不考虑的问题。使用网络教学时，教与学之间毕竟隔着一个网络，可供选择的督导方式十分有限，大部分学校选择检查作业方式来进行督导，形式单一。

效果难以保证。使用网络教学还存在的一个教学效果问题，毕竟教学效果如何最后还是需要以考核来检验。网络教学的效果到底如何？无论是学校、教师，还是学生心中都存在疑问，这就导致教学双方都面临的另外一个问题，疫情结束正式开学，需要不需要对网络授课内容重新学习，教学任务和目标的实现如何才能得到保障。

（二）疫情防控期间网络教学的应用策略

特殊情况以网络教学代替正常教学，需要综合考量、综合施策才能确保正常开展、取得实效。

做好充分的准备工作。网络教学具有授课形式多样、资源丰富等独特优势，作为学校方应尽量扬长避短，请专门机构、专业人员进行平台建设或软件开发，为学生提供多样的选择。另外，学校还应鼓励学生在正常时期内多参加自主学习；教学方面则在正常授课期间即安排一定学时的网络教学任务和活动，让教师和学生提前熟悉操作和使用流程，一旦发生疫情等特殊情况，立即启动络网教学模式。

采取新的教学模式。网络教学有其自身规律，其特点是鼓励、培养学生的自学能力、主动学习能力。疫情期间进行网络教学，也应当尊重客观规律，鼓励学生自由选择教学资源和方式，不易采取将“教室授课”模式生搬硬套为“网上教室授课模式”，以期最大程度地发挥网络学习的优势、避免网络学习的弊端。

转换教师角色。正常教学模式下，教师的作用是传道、授业、解惑。而在网络教学模式下，学生更多的是进行自主学习，教师的角色自然也应转换为以“解惑”为主，采取腾讯会议、微信、QQ群、电话、邮件等多种方式进行互动、答疑，帮助学生解决学习过程中遇到的难点。

完善网络教学督促机制。传统教学不同于一般意义上的网络教学，有自身教学任务和教学目标，在疫情防控期间这种特殊情况下，学校不得不以网络教学代替传统教学，必须完善督促机制，以确保网络教学任务和目标得以实现。一方面，网络教学以学生在家自学为主，应该充分发挥家长的监督作用，学校与家长建立定期联络机制，及时分享学校教学内容与计划，掌握学生动态。另一方面，学校应当建立完善成绩测评与考核机制，随时掌握学生学习进展情况，评估网络教学成效，动态改进网络教学的组织与实施。

随着地球经济社会一体化的加深，在可以预见的未来，人类社会很有可能再次面临像这次新型冠状病毒疫情一样的境况，网络教学是疫情防控期间的必然选择。同时，我们也要看到，网络教学也有着其独特优势，作为教学机构和教学者，应当对网络教学给予更多的重视与研究，尽最大可能地发挥网络教学的积极作用，建立一套更加灵活、更加完善、更加适应社会需要的教育体系。

第四章　网络教学设计的理论研究

第一节　网络教学设计存在的问题

随着网络技术的发展，网络教学已经成为现代教育的重要手段。网络教学的迅速发展和普及，促进了教学设计理论的发展和完善。目前网络教学设计存在诸多不足，改进网络教学设计已成为发挥网络教学优势、提高教学水平的重要因素。

教学资源包括教学信息、教学媒体、教学人员、教学环境等。在网络教学中教师与学生是主要的参与者，教学内容是必不可少的部分。网络教学设计要求：有明确的设计思想，体现现代教育理论的指导；教学目标明确；教学结构流程反映出新型教学的模式，其中体现教师角色、学生地位、媒体作用、教学过程四个方面的转变，客观反映学科教学的规律；充分发挥多媒体的教学优势，并结合建构主义理论指导教学实践。但网络教学设计在具体的实施过程中存在诸多的不足。

一、网络教学设计中存在的问题

（一）对学习者能力的培养关注不足

1. 缺乏培养学生学习自主性的设计

由于学生在智力、性格、学习方式、学习能力等方面存在诸多差异，在学习上会表现为不同的需求，而目前的网络教学设计通常是以“平均学习水平”作为教学方法、学习材料、教学评价的依据，学生只能按照规定的内容和方法去学习，从而使学习者无明显个性差异，也只会埋没学生的自主学习能力。

2. 缺乏培养学生创新能力的设计

江泽民同志曾经一再强调：“创新是一个民族的灵魂，是一个国家兴旺发达的不竭动力”。雅斯贝尔斯认为“创造性的文化生活”是学校包含的三个相互密不可分的方面之一。目前网络教学缺乏培养学生创新能力的教学设计，使网络教学这种先进有效的教学手段无法达到提高学生创新能力的目的，进而对网络教学的质量、效率及效益产生不利影响。

（二）对教师在网络教学活动中的作用不够重视

1. 忽略教师角色的转变

设计者应该意识到：教师由传统的知识讲解者、传递者、灌输者变成学生学习的指导者、帮助者、促进者。在网络教学设计中，教师总被视为知识源，把传递知识作为其主要任务和目的，其精力没有放在如何教学生“学”的方法上，忽略为建构学生的知识体系创设有利的情境，没能使学生“学会学习”。

2. 忽略教师对学生的监督工作

网络教育具有高度的开放性和自主性，青少年在网络教学中容易成为不良信息的毒害对象。网络教育不同于传统面授教育，师生处在地理上不同的位置，因此教师对学生学习情况的监督往往存在漏洞。如作业与检测是实现教师与学生双向交流和沟通的有效手段，而目前网络教学中只通过期中或期末的考试就来评价学生的学习情况，对于平时作业与检测不太重视，这使得教师难以适时监督学生。

（三）网络教学内容的呈现设计存在缺陷

1. 忽略教学内容的呈现策略设计

目前，有关网络教学内容的呈现基本凭借传统教学中积累的策略，但那多半都是过去的经验，并没有根据网络教学内容呈现的特点进行系统、有针对性的设计。设计者更多的是从教师的角度去考虑教学内容的呈现，忽略了学习者对教学内容的接受程度。由于在设计教学内容的同时忽略呈现策略的设计，使教学内容难以被学生接受，影响到教学的实际效果。

2. 忽略教学内容的交互性设计

交互是教学内容呈现极其重要的策略，但在网络教学内容设计时往往对其交互性关注不足。按照建构主义的观点，学习是个体在与环境相互作用中进行意义建构的过程，现在的网络教学在重视教学内容呈现（包括用文本、图像、声音、动画、视频等）的同时，还应加大交互性的设计，否则将与原理背道而驰。若网络教学内容缺乏足够的交互性，学习者就难以通过与其它学习者和教师交流实现协作学习，进而影响其对知识的建构。

二、网络教学设计中存在问题的解决策略

（一）以学生发展为本，巩固和提高学习者的能力

1. 激发学习动机，提高学习者自主学习能力

在网络教学设计中，对教学的过程，在时间上、内容上、空间上和教学方法上，应从以教师为中心转到以学生为中心上来，设计者要树立为学生服务的思想，尊重学生的选择，

尊重学生的意愿，不强迫学生做一件事，使学生有了做主人的自豪感，从而使学生积极主动地投入学习活动中，进而培养学生做学习的主人的意识和能力。在教学设计过程中应用人工智能技术、仿真技术和虚拟现实技术，这可以促使教学手段向科学化、高效益方向发展，实现互动启发式教学、发现式教学等教学手段。

2. 设置良好的环境培养学生的创新能力

在网络教学过程中，教师要顺应学生思维，尊重学生的想法，鼓励学生突破思维束缚，在不影响教学主题的前提下，激发学生的创造热情，并引导学生坚定而自信地照自己的思路去思考，而不是一味地要求学生照学习材料的意思去做。只要在教师长期民主开放的作风和教学思想的影响下，学生在学习时就能始终兴趣盎然，保持旺盛的学习积极性，从而实现的目的。

（二）以教师为主导，充分发挥教师的作用

1. 加强沟通，发挥教师的引导作用

美国学者贺拉斯·曼就曾指出："教育是实现人类平等的伟大工具，它的作用比任何其他人类发明都大得多"。开放式的教育系统，有利于师生之间平等民主关系的建立，创建和谐融洽的师生关系能做到了解每个学生的情况，同时教师应理解、信任、同情学生，爱护学生的自尊心，做到因材施教。

在教育活动的实施中，最关键的要素是人。"个体的存在作为一个整体永远都不可能被归入某一既定的才能活性格类型"。我们必须清楚地认识教师与学生的良性互动，教师要通过组织教学，引导学生顺利完成学习任务，通过 email、留言板、在线测试等手段获得学生回馈。

2. 利用教学平台，发挥教师的监督与评价作用

教师通过教学平台记录学生登录次数、翻看答案的次数、交作业、提问的情况、讨论参与度等各方面，对学习者的学习效果进行督促。平时作业与检测是网络教学和网络学习全过程的一个重要环节，也是对网络教与学的一种形成性评估，正如皮尔士提出的"我们对于任何事情的观念是我们对于他们明显效果的观念。"通过评价系统随时对学生学习情况做好评价工作有利于学生的继续学习。

（三）加强网络教学内容的呈现

1. 运用多种媒体加强网络教学内容的呈现

在网络教学中运用单一媒体的信号刺激，在一定时间后会产生抑制效应，不利于学生注意力的保持，影响学生的学习效果。现代信息技术结合加以实现，能提高不同媒体各自功能发挥的水平，使之达到最佳状态，进而可以提高"媒体"的整体功能水平，有利于保持学生注意力，提高学习效率。

2. 创设多样的互动，加强教学内容的交互性

在授课过程中教师可以通过各种具有互动性的教学模式来将教学内容传授给学习者。以BBS系统为例，这种模式一般由各个领域的专家或专业教师在站点上建立相应的学科主体讨论组，学生可以在自己学习的特定主题区内发言，并能针对别人的意见进行评论，每个人的发言或评论都即时地被所有参与讨论的学习者看到，这种学习过程必须由具有特权的领域专家监控，以保证学生的讨论和发言能符合教学目标的要求，防止讨论偏离当前学习的主题。

网络教学环境是一个情景化的学习环境，是一个交互性很强的学习环境，设计者在进行网络教学设计时，要时刻注意其特点。只有解决好网络教学设计中存在的问题，才能充分发挥网络教学的优势，使网络教学起到应有的作用。

第二节　基于Web2.0的网络教学设计

Web2.0互联网技术，以人为核心，因其倡导“参与、协作、共享”而改变了教育教学的设计理念。结合Web2.0网络技术的特征，提出一种基于Web2.0的网络教学设计模型，依据该模型对基于资源的自主学习和基于虚拟社区的学习共同体进行探究。

新一代“可读、可写、可交互”Web2.0互联网技术所倡导的“参与、协作、共享”理念，因改变了教育教学的环境、过程、方式、方法和教师的角色，使学习者由被动走向自主建构，走向基于资源的探究性、自主性学习。教学设计是运用系统方法，分析教学过程的诸环节和要素，确定并解决教学问题，实现教学最优化的现代化教学技术。在分析网络教学设计基础理论的基础上，结合Web2.0网络技术特征，提出一种基于Web2.0的网络教学设计模型，依据该模型对基于资源的自主学习和基于虚拟社区的学习共同体进行探究。

一、网络教学设计理论

（一）人本主义学习理论

人本主义学习理论认为，学生的学习是一种在教师帮助下的自我激发、自我促进、自我评价的过程。围绕学生需求，以学习者自我实现的人格思想为教学设计的核心，重视个人意义的学习，主张协作学习，情感教育贯穿于教学内容和方法，强调情意教学与认知教学相统一，注重学习者自我潜能的发展与完善。

（二）建构主义教学理论

建构主义学习理论认为，学习是学习者通过一定的情景（社会文化背景），借助其他人（教师或伙伴）的帮助，利用必要的学习资源，通过协作与会话的方式，主动建构知识

的过程。在这个过程中，以学生为中心，强调学生对知识的主动探索、主动发现和对所学知识意义的主动建构。在整个教学过程中，由教师起组织者、指导者、帮助者和促进者的作用，他们利用情境、协作、会话等学习环境要素，充分发挥学生的主动性、积极性和首创精神，最终达到使学生有效地实现对当前所学知识意义建构的目的。

（三）Web2.0 概念

Web2.0 以 Blog、TAG、SNS、RSS、Wiki 等社会软件的应用为核心，依据六度分隔、XML、AJAX 等新理论和技术实现的互联网新一代模式，改变互联网的理念和思想体系，把自上而下的由少数资源控制者集中控制主导的互联网体系转变为自下而上的由广大用户集体智慧和力量主导的互联网体系。Web2.0 不是强调内容的来源方式，而是强调在内容的产生过程中用户所扮演的角色和身份。Web2.0 时代是以信息提供者为中心，体现个人价值的时代。Web2.0 提倡开放、共享、协作。Web2.0 激发人们开始去思考、规划、研究和表达。

二、基于 Web2.0 的网络教学设计

网络教学中教师、学生、网络学习资源、网络教学环境之间相互联系、相互制约，构建成一个完整的教学系统。网络教学具有实时交互性、学习自主性、学习协同、学习资源多层次、教学评价及时等特性，因此基于网络的教学设计要实现学习目标的多样化和选择性，教学内容的专题化和开放、可扩展性，学习资源的丰富性和生成性，学习界面的人性化和可定置性，师生交流的跨时空性，学习评价的多元化、智能化等。

（一）网络教学设计模型

强调外界刺激作用和教师的主导控制作用为代表的第一代教学设计模型，以及通过对学习环境和学习者特征的分析，强调策略设计为代表的第二代教学设计模型，都是以“教”为中心的教学系统设计。

Web2.0 网络是一个“可读、可写、社会化”的体系模式，是以人为核心的互联网。主要的特征有：①可重用的微内容；②以用户为中心，而不是以物为中心；③社会性；④强调用户的参与性。随着 Web2.0 网络技术与互联网的发展，Web2.0 中 Moodle、Wiki、Blog 等开源软件在开放式学习环境下逐步运用，Blog 和 Wiki 所提供的可读、可写功能，使得学习者自由发表思想、心得、疑惑等，并且可以通过 RSS 和 Tag 把 Blog 和 Wiki 的信息和资源推送出去，吸引更多的兴趣爱好相同的学习者进行共享、交流与互动，并同时获得他人针对性的帮助与建议；通过 SNS 网站和 Tag，发现共同兴趣的学习伙伴，形成基于兴趣的学习虚拟社区，进行协同学习，并分享虚拟社区中他人的研究成果和思想，从而提高自主学习的效果。

在 Web 2.0 的教学环境中：①学习者既是知识的获取者，还是知识的创建、发布和分

享者。②学习者既是主体，还是学习情境的体验者。他们进行学习资源主动意义的建构，具有主动性和自主性。③学习由单纯的获取与创建，发展到协同，形成共同体。④围绕某个主题建立个人或群体的 Blog 和 Wiki，同时利用 Tag、RSS、SNS，让更多对此有兴趣的用户参与进来展开交流、评价与讨论，进行研究性学习和协作学习。⑤基于 Blog 和 Wiki 的行为日志，是建立学生学习和教师教学评价的工具。下面将从基于资源的自主学习和基于共同体的学习两种学习模式进行探讨。

（二）基于资源的自主学习

自主学习模式是在教师、学生分离的情境下，由教师借助网络工具（软件）在网络教学环境中向学习者提供主要的学习材料，学习者在以学习材料为核心的教学资源基础上，自主完成学习的过程。

学习者在学习的同时可以通过 Blog 和其他学习者或教师进行交流和获得指导，通过 Wiki 获取与学习相关的其他学习资料，并通过 Tag、RSS 将这些资料和个人的知识通过网络发布在学习环境中去供其他的学习者使用。教师通过学习者的 Blog 可以清晰地了解到学习者的学习进展，并给予学生相关的学习评价。

学习者在学习过程中吸收并对学习材料进行个人加工，并把观点主动推送到网络学习环境中，进行分享和共同讨论，逐步完善主题，实现探究性学习和协同学习。例如：创设某个特定情景，基于 Wiki 向学习环境中发布任务，接受任务的既可是学习者也可是教师，一同去探索研究。同时建立相应的激励制度，促进学习者的主动性。

（三）基于教育虚拟社区的共同体学习

在基于跨时空的、开放的、自由的教育虚拟社区里，作为成员的教师、学习者之间可以进行交互协作、资源共享，相互影响、相互促进，形成具有共同社区文化的社会关系共同体。学习共同体是兴趣主题一致的学习者或群体，为解决完成某项任务或问题而与他人进行探究、交流和协作。学习共同体突出强调对见解与信息的分享，成员间通过探究达到对学习内容的深层理解；学习共同体的归属感和学习者之间的亲合力给学习者带来全新的教与学的理念，促使学习者心灵的启迪和升华。

Web2.0 网络的社会性和可重用的微内容的特征，体现在教师不再是主要的教学信息源，已成为网络学习者学习的帮助者、指导者，同时也是一个学习者。知识的交换由自上而下发展为多向交流。学习者容易通过自组织的方式，在网络空间不断构建不同领域主题的学习共同体，构建起有效的显性知识环境，促使学习者之间隐性知识传递，分享各种学习资源，利用各种资源进行知识的建构，实现网络中学习、生存能力的培养。学习共同体不仅能够使学生之间相互沟通、经验分享和问题讨论，还能激发学生的学习兴趣，保持学习动机，增加归属感，降低学习焦虑。

在 Web 2.0 网络环境下，使各种各样的应用支持软件真正应用于教学才是关键，才能达到更好的学习效果；学习者在以 Web2.0 技术作为学习平台的时候应更多“借助集体智慧”进行探究与协作，进行主动意义的知识建构；教师应具备使用信息、获取信息、分析信息、加工信息、利用信息的能力，在教学环境中构建讨论话题，充分发挥其主动性和专业性，创建与课程相关的话题进行研讨，讨论过程中及时做出修正，注重情感的交融，最终做出总结和展望，使学生学会探究与求知。

第三节　自组织理论与网络教学设计

自组织理论自诞生以来就产生巨大的影响，并逐渐渗透到各个领域。试图用自组织理论来指导网络教学的设计，使其在传统的教学设计基础上更好地引导学习者自主学习。首先阐述自组织理论的基本概念，然后分析网络教学设计的现状，最后对于自组织理论指导下的网络教学设计提出几点思考。

随着信息技术的飞速发展和网络技术应用的不断深入，大量的知识已经无法仅通过传统的课堂教学来传授给学习者。网络教学作为传统课堂教学的补充和延伸，已广泛被教师和学习者采纳与接受。因此，如何在网络这个大环境下，设计开发出符合学习者学习和认知规律的教学过程显得尤为重要。利用自组织理论来指导网络教学设计，可以充分考虑学习者系统的自组织特性，使网络教学越来越人性化，从而更好地服务于教学实践。

一、自组织理论概述

德国理论物理学家 H. 哈肯认为，从组织的进化形式来看，可以把它分为两类：他组织和自组织。他组织并不是自然形成的，它的组织力来自外部，在事物发展的过程中逐步出现。比如人工设计的教学系统就是一个他组织系统。自组织的组织力来自系统的内部，系统在发展过程中，自己会形成某一种规则，按照这种规则让自身达到平衡。自组织理论包括 3 个部分：耗散结构理论、协同学、突变论。

耗散结构理论。耗散结构理论最早由比利时物理学家普利高津（I.Prigogine）在 1969 年的“理论物理与生物学”国际会议上提出。所谓耗散结构理论是指，一个远离平衡态的开放系统，不断与外界进行信息或能量的交换，可能从原来的无序状态转变为某一特定的有序状态。

协同学。协同学是 20 世纪 70 年代初 H. 哈肯创立的。从宏观上来看，它与耗散结构理论一样，都是研究系统如何实现自组织的。但协同学更侧重于研究其系统内部各个要素之间的协同关系，揭示整个复杂系统如何通过子系统的协调行动使结构有序化。

突变论。突变论是 20 世纪 60 年代末法国数学家 R. 托姆为了解释胚胎学中的成胚过程而提出来的，指系统由一种稳定态经过不稳定态向另一种稳定态跃迁的过程。突变论指出，系统在同一过程中，在同一控制因素的作用下，突变仍可能会产生不同的结果，每种状态都有其可能的概率。

二、网络教学设计现状

网络教学设计是指利用网络这个平台，把教学过程、教学资源、教学评价、教学媒体等内容进行设计、开发、整合的过程。近几年，网络教学的发展越来越成熟，规模也越来越大，但是在愈加复杂的学习环境和学习者自身知识结构多元化的趋势下，基于传统理论的网络教学设计出现一些值得改进的地方。

（一）传统网络教学注重顺序设计

首先，常规的网络教学设计大多是按照顺序步骤设计的。在这个流程中，学习者必须按照设定的步骤进行学习。然而在实际执行过程中，教学情境和教学对象的不同，往往对学习内容的先后要求也有所不同。问题的理解可能先于解决，也可能是通过解决问题来加深对该问题的理解。其次，传统的网络教学设计，忽视客观与主观的融合。客观主义的网络教学设计以教师为中心，过度关注教师的“教”，而忽略学生的“学”，教学内容的设计都是围绕教师如何教而展开，填鸭式地让学生接受，几乎不涉及如何促进学生自主学习的策略。主观主义的网络教学设计则恰恰相反，过分强调学生的自主性，虽然有利于激发学生主动探究的能动性，却忽视了教师在传授知识过程中的主导性。

（二）传统网络教学设计中教学目标缺乏针对性

教学目标是教学活动实施的方向和预期达成的结果，是一切教学活动的出发点和最终归宿，起着导向、控制、激励、中介、测度的作用。传统的教学目标大部分都是根据教材或者某学科的教学大纲，面向全体学生而制定。这种单一的教学目标，不利于学习者的自主发展，更抹杀了教师因材施教的可能性。

（三）传统网络教学设计忽视了与其他各学科的联系

教学设计是一门实践性很强的交叉学科，传统的教学设计忽略了各个学科之间的相互联系、相互影响的整体关系，因此无法及时反应瞬息万变的外部环境，造成辛苦完成的教学设计无法达到预期效果。

（四）传统网络教学设计的教学评价不够多元化

教学评价是根据教学目标的要求，按一定的客观标准，通过各种测量和相关资料的收集，对教学活动及其效果进行客观衡量和科学判定的系统过程，是教学各环节中必不可少的一环，它的目的是检查和促进教与学。目前，大部分网络教学设计的教学评价是教师通过作业或者统一命题的练习方式来检查学习者的学习结果，缺少对学习者学习过程的评价，不利于全面考察学习者的学习状况。其次，缺乏学习者自评和学习者之间互评的平台。最后，评价的方式未能充分利用网络的实时特性，学习者得到的评价反馈比较滞后，不利于学习者学习的积极性。

三、基于自组织理论的网络教学设计思考

教学系统是由教师、学生、教学内容、教学环境等多种因素构成的组织体系，这些因素相互影响、相互作用，从而形成一个复杂、混沌的系统，也表现出开放性、非线性等一些复杂系统的特征。很多学者已开始用自组织理论来分析和指导教学设计，基于网络的教学设计相对于课堂来说具有更多不可控因素和不确定因素，因而更需要用自组织的理论和方法来促进教学设计的不断完善。下面对基于自组织理论的网络教学设计提几点想法。

（一）注重教、学并重的原则

要设计出满足学习者系统的复杂性和自组织性的网络教学，必须结合建构主义学习理论和自组织理论来共同考量，在充分体现以学习者为中心的同时也要尽量发挥教师的作用。在网络环境下，学习者获得知识的途径已经不是阅读课本或者在教室里接受教师的讲授。因此，学习者必须根据教学要求自主地去获取相关知识。在这样的环境中，教师并不只是旁观者，而应该在学习者在线学习的过程中充分调动他们学习的积极性和创造性，关注他们的整个学习过程，针对每个阶段的不同特点给出相应的引导和建议，帮助学习者更好地掌握知识。网络教学设计中教与学是同样重要的两个主体，学习者积极主动地学习新知识，教师活跃于学习者学习的各个环节。

（二）注重学习者特征的分析，制定多层次教学目标

学习者总是处于复杂的社会环境中，他们不断地跟周围相互作用，根据自己的兴趣选择与之相符的信息，因此每个学习者个体的已有知识、能力等都存在不稳定性和差异性。教学设计者应充分考虑到学习者的不同特点和现有知识程度，制定多维度、多层次的教学目标。网络教学不同于课堂教学，教师不能通过与学习者的直接接触来掌握第一手资料，因此在网络教学设计时，设计者首先要根据经验和对学习者的主观分析，来制定总的教学目标。在学习者学习的进程中，再根据学习者的实际学习情况，不断补充、修改和完善各阶段的分目标，以此保证学习者可以有方向、有目的地自主完成学习。

（三）保证网络教学的开放性，营造学习者平等学习的环境

任何一门学科都与其周围的众多学科发生千丝万缕的关系，基于自组织理论的网络教学设计必须时刻关注与其他学科的联系，保持系统内外信息、物质与能量的交换，才能使系统之间存在的非线性作用显现出来，最终达到期望的平衡态。在进行网络教学设计时，还要充分利用 Web2.0 的优势，和不断完善的“云计算”技术，为学习者提供更加丰富的学习参考资料和学习途径。学习者在学习过程中可以随时发表学习心得和提出疑问，也可

以及时和同伴或者教师交流意见。教学设计者更要设置各种情境，让学习者在这个开放的学习环境中充分发挥主人翁的精神，使学习效果最优化。

（四）秉承参与式教学设计的理念，促进协作学习

参与式教学作为一种体验式的教学方式，它强调学习者参与其中、发挥学习者学习主体性及个性，具有生成性、开放性、合作性、全体性等基本特点。利用网络环境中丰富的交互手段，创建在线参与活动，让学习者根据自身知识结构的特点，与其他学习者一起讨论、一起协作，选择适合自己的角色，发挥各自的优点，共同完成学习目标。在参与式学习中，学习者既独立思考又共同出谋划策，既锻炼个体的创新思维和合作学习的能力，又促进学习者自组织系统的自同构、自复制，最终达到掌握新知识的目的。

（五）建立模糊的多元化教学评价机制，让学习者学会自我评价

网络教学是一个存在多种随机因素的整体，因此教学的效应在学习者学习的长远过程中不可确定。教学设计评价的目的是为了帮助学习者更有效地学习新知识，而不是为了给学习者定一个等级。教学评价同样让教师根据学习者在学习过程中出现的问题不断改进教学策略，以便学习者通过自主学习，习得理论知识的同时也锻炼自己的能力。任何的评价都必须坚持过程和结果的统一，两者缺一的评价都是片面的、不合理的。因此在制定教学评价的时候，不应像传统的网络教学设计那样具体罗列评价的指标，而是应该根据学习者学习过程自组织规律的复杂性，尽量提供给学习者更多的自我分析和元认知工具，让他们能够反思和评价自己的学习过程和学习结果，更好地把握自己的学习进度和学习方向。

第四节　网络教学系统的分析与设计

随着教育改革的发展和社会信息化的推进，网络辅助教学系统已经成为教育信息化的重要研究方向之一，同时也是推进教学改革的一个重要而迫切的课题。《VB 程序设计》是一门实践性很强的计算机语言课程，课程教学过程分为理论课与实践课，教学内容较多。对于网络教学系统进行了理论上的分析与研究，就如何应用网络技术进行教学系统的设计，如何充分利用网络资源，如何进行网络教学工作的研究等方面展开了详细的论述，以期为开展远程教学，提供更为优质的网络教学资源等提供了参考。

目前，网络教学系统在高校的教学工作中发挥着重要的作用。如何应用网络的开放式技术为教学提供帮助，以期达到充分利用网络资源的目的，更好的开展远程教学和网络教学，已经成为现在教育技术研究的重要的内容。

一、网络教学系统现状

在网络教学中，由于我国的远程教育起步比较晚，再加上统一标准的不确定性，所以关于教学网络教育课件的研究还停留在较低的水平。很多的教学课件由于没有统一的标准，出现了各子系统不能兼容的情况，这样显然是不利于网络教学的开展的。另外，这些教学课件的操作性存在着一定的差距，不少的课件在灵活性方面远远不能满足要求，而且这种结构会影响到系统的升级和成本。

在系统的设计思想方面，对于教师和学生的交互性设计比较简单。大多数课件只注重教师对于学生的知识灌输，却忽略了对于学生与教师之间的交流，对于教师和管理员之间的交流也做得不够，很多的课件都忽略了这一点。故而在网络教学的设计过程中，要及时突出管理员和教师、学生三类不同用户群对于系统的使用。对于学生而言，要注重在课件设计过程中把学生的个性和创造性考虑进去，加强学习过程中的监控，从而达到克服当前网络教学系统存在的缺陷。

二、网络教学系统的分析与设计

通常情况之下，网络教学设计由三大模块构成，即目标分析与设计模块，目标达成分析与设计模块、学习评价分析与设计模块。为了便于分析，可以将这三大模块分解成五大系统，通过五大系统来对上述模块的功能来进行划分。

（一）网络教学系统设计的重点

在网络教学课件的设计中，要根据远程教学的形式，进行深入细致的研究，分析及相应的规划。对于学生而言，要让设计的结果可以让他们很方便的进行操作。因此，网络教学设计的重点在于对这五大系统来进行分析和设计。在设计的时候，要力求五大系统之间形成相互依存的关系，目的是为了保证与计算机信息技术能有良好的整合性，而且还要有将独立的教学设计的各个环节整合在一起，以便于加强系统设计的智能化。

（二）网络教学系统设计的组成要素与功能

网络教学系统设计的组成要素基本可以分成五个部分。具体的如下：

1. 问题情景分析系统设计

在教学过程中，当遇到一些主要问题的时候，往往需要师生之间进行一系列问题的场景设定和情景分析，这些在教学系统设计中占有重要的地位。对于学生的学习情况，个人能力及学习习惯，都可以进行详细的分析，帮助教师了解学生情况，便于有针对性地进行学习准备，教师可以通过这一系统及时了解学生的学习准备、学习风格、从而对于学习环境进行情景设定，并且将学习资源加以系统组合，从而达到整个课程学习均达到有效的保障。

2. 教学资源系统设计

教学资源系统设计是网络教学内容中最为关键的部分。教学资源的设计要结合情景分析系统的设计来进行，很多的学习方式和学习目标都要与此紧密结合起来，对于网络媒介，可以用多维的方式来组织和呈现。对于学习资源的考虑，要从广度和深度出发，各种教学方式及访问性的方式，都可以为学习者提供需要的学习资源，不同的课程，分别具有不同的特点，所以对于教学资源系统的设计也要体现课程本身的特色，同时，还要为学习者提供所需的学习资源。最好设计的时候，可以更加方便学生的自主性学习。

3. 教学互动系统设计

在教学活动中，“教”和“学”这两个方面要紧密结合，并且注重互动性，这样才能让教学活动取得良好的效果。网络教学是一种很好的教学模式，这种模式的互动性是很多的教育工作者关心的问题，在网络教学的过程中，教师与学生的角色对于传统的课堂教学而言，会发生很大的变化，教师的作用主要是对学生的学习提供促进作用，对于学生的学习方向提供一个指导的方向，当然，从另外的一个角度来讲，学生对于老师的教学工作，也有一定的促进作用，双方的交互性决定了网络教学过程中必须要考虑这方面的因素，很多的师生间的交流在网络教学中需要进行教学互动系统的设计来完成。在教学过程中，要为了这些互动的展开及交流提供有效的保障性。换言之，就是要实现师生之间，同学之间，教师与教师之间的交流与互动，这一点非常有必要。

4. 教学专家决策支持系统设计

网络教学过程中，会遇到一些与传统教学不同的问题，对于网络教学资源的利用，要采用不同于传统学习方式的方法，具体来说，就是要自主式与协作式两者结合起来进行，对于实践中的问题，一定要及时注意解决，当这两种方式进行的时候，必须借助一些外界的条件才能来达成。自身的决策水平对于网络教学系统而言是很重要的外界条件，要想完成学习的目标，就要学会将咨询、方法、手段等与网络信息技术联在一起来进行，也就是说要进行网络教学与决策的结合，很多的时候，对于学习者的学习背景要进行细致了解，认知水平要进行沟通，目标能力要了解，这些要素都清楚，才能有效地提供教学方法，所以在网络教学系统的设计过程中，要把教学专家决策支持系统进行具体的设计，使之能够提供优质的教学方法，认知工具、学习资料，可以为学习者提供有效的学习方法，制定良好的学习进程。

5. 评价校正系统设计

教学设计系统是否有效，对于网络教学效果的好坏影响很大。教学设计系统是否有效、网络教学效果好坏都需要及时获得评价反馈信息，评价是教学设计过程中的有机组成部分，它贯穿于教学设计过程中各个环节。通过获取的评价信息，帮助人们分析和解决网络教学过程出现的问题，修正教学设计过程中的相关内容，提高网络教学质量，实现网络教学目标。

（三）网络教学系统的设计基础

网络教学系统设计过程中，心理理论是教学设计的主要方面。在教学过程中，对于教学设计模式的选择及教学设计过程的完成，每一步的完成都需要学习理论来做基础。

对于网络教学系统的设计，要达到实现优质教育资源的建设和对在线学习过程的有效监督，由于系统的规模受升级等方面的限制，所以在设计的过程中，一定要大大降低系统的扩充和升级的成本，从用户来看，系统对于使用者实现了用户群的划分，这样才能便于学生和教师的方便使用，很多的时候，这三者互相结合，才能实现良性的互动，因此要在设计过程中避免单向的网络管理。对于远程教学的学习效率，也要注意在设计中有所保障。另外，网络教学系统还要使用效果好，容易维护，而且界面简洁方面，便于操作，具有公告发布，远程课程学习，网上答疑，网络考试、教学评估等功能，同时还要具备信息注册和账号管理，还有题库管理的功能，这样才能实现办公自动化的性质，对网络教学起到一定的推动作用。

第五节　网络教学平台设计

在当前的社会环境下，网络教学已经成为一种应用较为普遍的教学方式，而网络教学平台是顺利开展网络教学的重要基础，如何对网络教学平台进行设计与应用也成了人们研究的重点。本节主要基于计算机软件开发技术，对网络教学平台设计与应用展开具体的探讨。

网络教学平台属于一个多功能平台，往往需要满足不同学生和教师的使用需求，对其按照使用功能进行分类，主要可以概括为三个方面：教学、应用以及管理。目前国内外开发设计的网络教学平台数量已经不少，在众多的网络教学平台中，有的在界面上制作精美，有的在功能上比较齐全，各自展现出不同的特点。但许多网络教学平台存在的缺陷仍旧较为明显，在开发与设计的过程中忽略对实际需求和使用的分析，使得开发设计出来的网络教学平台后期使用效率较低，进而影响到网络教学的效率。

一、基于计算机软件开发技术的网络教学平台功能划分

为了能够更好地满足使用者的需求，在对网络教学平台进行设计的过程中主要应当调查分析相关使用者的想法，然后利用计算机软件开发技术对相关功能进行配置，以此来提升网络教学平台的实际使用价值。从使用对象来进行划分，网络教学平台主要可以分为管理人员应用、教师应用以及学生应用三个部分，因此在平台功能设计上可以从这三个方面来展开。下面笔者以自身的一些开发经验，探讨开发设计中各模块功能的设置。

（一）学生板块功能设置

学生是网络教学平台设计的主要针对对象，网络教学平台设计的科学性与合理性直接关系到学生使用的效果，影响到学生使用该平台学习的效率。因此，在基于计算机软件开发技术设计学生板块功能的过程中，主要应当考虑到其实用性，从而为学生创建出良好的学习平台。在具体的开发设计过程中，主要应当包含以下一些内容：

1. 登录模块

这是网络教学平台最为基本的部分，为保证教学资源得到最大化利用，必须对进入平台的人数进行控制，只有具备相关权限的学生才能够进入平台之中。

2. 虚拟测验模块

通过专门的软件，对初次进入平台学习的学生进行测验，了解学生对相关知识的掌握情况，以便教师能够对学生的实时情况有所了解，然后具有针对性地开展教学工作。

3. 资源调用模块

在网络教学环境下，为学生提供了更多的学习资源，有助于学生的知识得到扩展，而资源调用模块正是实现这一目标的关键。在开发和设计这部分功能时，应当在其中充分应用云计算技术、大数据技术，以便为学生定向推送相关的知识内容。

4. 在线学习交流平台

这是网络教学平台的主体部分，教师和学生能够通过该模块进行在线交流，学生通过该平台提出自己的一些疑问，教师通过该平台进行教学指导。

（二）教师板块功能设置

在教师板块功能设置中，主要应当考虑到为教师教学工作带来便利性，方便教师更好的设计教学内容。具体有：

1. 登录模块

验证教师身份，保证系统的安全性，同时方便教师调用自身存储资料和信息。

2. 信息查看模块

关于学生学习情况的一些数据信息，可以通过该模块来进行查看，其中包括学生日常作业情况、学生虚拟测验结果、各学生知识掌握情况等，通过在系统中开发设计相应的软件，对这些数据信息进行统计归纳，然后直观的呈现出来，方便教学工作开展。

3. 课程教学模块

教师根据学生的学习状况，然后具有针对性的设定教学内容，对学生的学习情况做出评价，并为其准备相应的学习资料，实现对学生的个性化教学。同时也通过该模块对学生提出的一些问题做出指导。

4. 信息资源调用

教师教学需要使用到较多的资源，不仅对教学知识内容信息有较高的需求，在相关软件上也有着较高的需求，因此需要在网络教学平台中为教师配置各类型的软件资源。

（三）管理人员板块功能设置

整个网络教学平台在应用的过程中还需要专门进行管理和维护，才能够使其发挥出更好的效果。因此在功能设置上面还应当加强管理人员板块的功能设置。其主要应当从系统安全防护、恶意攻击检测、软件更新以及资料的收录和整理等模块，在这些功能模块下，才能够有效促进网络教学平台综合质量的提升，进而使其展现出更好的教学效果。

二、基于计算机软件开发技术的网络教学平台构建措施

在明确网络教学平台应当具备的功能之后，采用计算机软件开发技术对各个功能模块进行完善，切实发挥各模块具备的作用。同时在开发设计过程中还应当注重页面的简单整洁，重在为人们提供更加快捷高效的教学平台。其具体构建措施可以从以下几方面展开：

（一）网络教学平台整体架构

在对整个网络教学平台的整体架构进行设计时，首先需要考虑到的是各板块应当具备的使用功能，然后再在此基础上对各板块的子模块展开细化。其次在设计期间应当考虑设计的安全性和稳定性，确保开发设计完成的网络教学平台能够很好的运行。如：在对整个框架配置相应的软件时，需要考虑到与硬件环境之间的匹配性和协调性，并对整个系统的设计组成结构进行优化，使整个平台系统能够运行流畅。除此之外，还需要考虑到网络教学平台涉及的在线教学功能，该功能对流畅性有着较高的要求，在构建平台整体架构时需要考虑到这方面的需求。

（二）构建完善的数据库

在设计和开发数据库时，应当加强对系统平台数据库的构建完善，数据库需对各个功能板块起到支撑作用，以维持对平台的高效运用。在具体的设计开发中主要可以让系统之间完成相互配合，促使功能能够得到顺利体现和发挥。数据库建立中 ASP.NET 采用结构化的网页，通过 Code Behind 技术使逻辑代码和表现代码分开，使得两者互不影响。在设计过程中尤其应当引起注意的是：教师教学模块的设计和学生学习模块的设计，这两部分是网络教学平台的主体，对数据库的需求较大，因此在设计中对这两部分功能的满足应当尤为重视。除此之外，还应当加强运行试验检测步骤，及时发现数据库在运行中存在的弊端，然后在技术上做出改进和优化，实现数据库端口与各模块功能端口之间的有效连接，进而达到提高运行使用效率的作用。例如：在交流系统软件的开发过程中，可以应用 Java 语言对聊天室的脚本进行编写，该语言形式在对图形的处理上表现出更强的作用，而且由

其编写完成的图形可实现多线程运行，表现出较高的稳定性，将其应用到网络教学平台中能够具有更好的效果。

（三）优化网络教学平台界面

网络教学平台属于教学的一种工具，主要为教师教学和学生学习所服务，因此在对平台的界面制作中，应当设计得更加简洁清晰，让教师和学生在应用的过程中能够极为容易的掌握相关功能。例如：对于学生来讲，进入网络教学平台应用得最多的就是对相关课件的浏览，因此在平台界面设计上应当建立快捷的进入方式，以便学生能够快速的进入到想要学习的功能区间，提升网络教学平台的实用性。

（四）实现对网络教学平台的动态管理

在对网络教学平台进行应用的过程中，还需要注重对平台管理进行优化，网络教学平台在实际应用中存在着较多不确定性因素，这些因素将可能对平台正常运行造成较为严重的影响。为此在对其进行应用时，还需要注重对各项功能的深入完善，制定动态管理措施，对设计期间可能存在的一些功能隐患问题采取必要的防护措施，达到动态的管理效果，对平台运行期间可能存在的不良问题进行集会所有效的处理，从而提升网络教学平台的整体运行质量。

综上所述，随着当前网络信息技术的快速发展，对各行各业都带来了较大的冲击，在教育领域中也同样如此，有着大量网络教育平台的出现，对传统的教育方式产生较大的冲击，同时也促进网络教育事业的快速发展。通过网络教学平台，将众多的教育资源进行整合，不仅对教师的教学工作产生较大的帮助，而且对学生的学习效率能够起到积极的促进作用。因此，当前应当对网络教学平台设计给予足够高的重视，基于计算机软件开发技术，对其进行合理设计，使其能够更好的被应用。

第六节　基于问题学习的网络教学设计

基于问题的学习（Problem-based Learning，简称 PBL）是一种集中体现了建构主义学习和教学理念的教学方法，目前已为许多国家的教育领域广泛采用。文章介绍了基于问题的学习概念、基本要素和网络教学设计的建构主义理论支持，讨论了应用 PBL 进行网络教学设计应注意的一些要素，希望能为我国正在开展的综合学习实践和网络远程教育提供一点借鉴。

进入了二十一世纪，终身教育、终身学习应当是教育的主旋律。因此“学生”的数量肯定将大幅度增加，因为每一个人都应该成为“终身学习者”，为了培养适应二十一世纪的新型人才，特别是随着国际互联网的发展和网上教育资源的教学日益丰富，应用基于问题的学习获得了新的发展机遇。网络为基于问题的学习提供了广阔的实现空间，它大大拓宽了基于问题的学习所涉及的范围和领域，从而为基于问题的学习的开展提供了便利。而无论是基于问题的学习还是网络教学设计，建构主义都为它们提供了坚实的理论基础。反过来看，通过应用基于问题的学习来进行网络教学设计也有非常重要的意义。所以应用基于问题的学习来设计网络教学正被越来越多的学习者和教学者所采用。本节对此作一些探讨，希望能为我国正在开展的综合学习实践和网络远程教育提供一点借鉴。

一、PBL、网络教学设计与建构主义

基于问题的学习（Problem-Based Learning，简称 PBL）是 1969 年由美国的神经病学教授 Barrows 在加拿大的麦克马斯特大学首创，后来在美国医学教育中得到精炼和发展，并得到广泛应用。不同的资料有不同的说法，当前较为权威的是美国的南依利诺斯大学的霍华德·白瑞斯（Howard Barrows）和安。凯尔森（Ann Kelson）博士给 PBL 下的一个定义："PBL 既是一种课程又是一种学习方式。"作为课程它包括精心选择和设计的问题，而解决这些问题要求学习者能够获取关键的知识，具备熟练的问题解决技能和自主学习的策略，以及参与小组活动的技能；作为一种学习方式，学习者要使用系统的方法去解决问题以及处理在生活和工作中遇到的难题。

PBL 是一种教学方法，即通过解决一系列实际问题来应用知识和技能，从而达到建构经验的目的。作为一种问题取向的教学思路，PBL 与以往的教育理论具有密切的传承关系，包括杜威的"做中学"以及后来的发现学习等。同时，它也与当前的建构主义学习理论有着密切的联系，它在很大程度上体现了建构主义的思想。与"做中学"及发现学习相比，PBL 有一些新的特点，比如强调以问题解决问题中心、多种学习途径相整合，强调社会性交流合作的作用，强调支持与引导等。PBL 充分体现了学生探究、自主、合作学习的思想，是建构主义教学改革设想当中的"一条被广泛采用的核心思路"。它是基于现实世界的问题、以学习者为中心的教学方式，在 PBL 中学习者是问题的解决者和意义的建构者，必须赋予他们对于自己学习和教育的责任以培养他们独立自主的精神。学生自己分析研究过程，并判断他们的研究是否可信与可用。教师的作用是辅助学生完成有意义的学习，提供学习材料，引导学生进行学习，监控整个学习过程使计划顺利地进行。

在网络教学设计中，建构主义理论是我们经常借鉴的一种非常重要的理论基础。它有很多特点适用于网络教学活动，如能够增强学习者对意义的建构、有助于学习者在学习过程中的社会交互以及支持学生在"真实"的环境中解决问题。为了使学习富有意义，学习者比较参与解决"实际"问题。因为只有"学为所用"，学习才变得有意义，当学生面对真实问题时，才真正能够锻炼出解决实际问题的能力，而且可向学生提供必须由小组而不能由个人完成的问题和活动，让学生有自由也有责任参与问题的解决。网络技术在信息获取和认知支持等方面可以很好地支持 PBL。网络能为学习者提供图文音像并茂的、丰富多

彩的交互式人机界面，能为学习者提供符合人类联想思维与联想记忆特点的、超文本结构组织的大规模知识库与信息库，在网络教学中，可以通过聊天室、电子邮件、BBS、即时通讯工具如（QQ、MSN）等方式来进行学习，这样便为学习者实现探索式、发现式学习创造了有利条件，学习者的学习积极性与主动性也会因此获得极大提高。让学习者获得经验，用不同的方式解决问题。如果使用得当，网络教学对学生解决“实际”问题肯定大有裨益。

二、基于问题学习进行网络教学设计

在现代信息技术环境下，尤其在网络环境下，PBL 有着广泛的应用前景。Internet 环境是一个新的学习环境，该学习环境有着与传统校园环境不同的特点，如学习资源丰富多样，教师、学生时空分离，网络为信息交流的载体等等。在网络环境中，PBL 的模式除了具有以“解决问题”为中心，以“学习者”为中心，以“合作学习”为中心的传统特点之外，同时也带有一些其它的新特点。通过综合系统研究有关的建构主义理论和其他理论相关文献，我们在进行网络教学设计中应该注意的几大因素：

（一）创设一个 PBL 的学习环境

众所周知，多种媒体的网上学习资源是进行现代远程网络教育的重要物质基础。强调网上资源的一体化设计，是指对网上各种教学资源的科学设置及有效组合。其重要意义是：可以补充完善文字教材的欠缺，保证课程知识体系的系统性，充分满足学生自主学习的需要。网上资源的一体化设计难点在于：一是要求任课教师必须具有系统性观念，在头脑中能形成清晰的知识体系架构；二是要坚持求新务实。求新是指资源的一体化设计要有课程的特色，有自己的设计风格，务实是指设计的网上资源不仅结构设计科学，更有实用性，注重提高知识信息的针对性、新颖性。减少重叠性，陈旧性。

（二）设计“真实”的良好的“问题”

基于建构主义观点，PBL 强调积极的学习，通过真正认知去学习和在学习者中间通过社会交往去学习。Duffy（1996）指出了 PBL 的一个重要特点是问题驱动。PBL 开始和运行都是通过问题来驱动的。因此，“问题”在 PBL 中具有举足轻重的地位，“问题”设计的好坏是影响 PBL 效果的关键因素。基于问题的学习与教学，力图促使学习者在掌握以线性和学科逻辑呈现的知识同时，通过问题的呈现、提供经验支撑、提供相关的信息资源库等活动，使学习者置身于专家所处理的问题情境、或模拟专家所处理的问题情境，逐步学会专家式的知识获得和知识组织方式。乔纳森在论述以学生为中心的建构主义学习环境时，具体地描述了，这样的问题包括三个整合的和高度相关的元素：问题情境脉络、问题提出或模拟和问题操纵空间。

（三）组织利于协作学习的小组

要解决一个设计良好的问题，通常需要学习者之间的相互合作，因此 PBL 的第二步是把学习者分成小组。分组有两种途径：一是依据学习者的学习风格、认知水平进行分组；一是据学习者的兴趣、爱好进行分组。

至于小组的成员数目，教育心理学家的研究表明，其最好界于 5 到 7 名之间。当采用“基于问题”的分组办法时，有可能出现有很多学习者对同一个问题感兴趣进而结合成一个数目远远超过 7 的“大组”。这时为了保证小组学习的效果，可以把这个大组再分成若干小组。

在分组完成之后，教师以及小组成员之间就要相互做自我介绍。这为以后的相互尊重、相互合作打好了基础。同时小组成员也要共同协商，为以后的合作学习建立基本的规则。在网络环境下，学习者或者教师可以通过 E-mail 的群体邮件功能把自己的一些资料发送到每一个小组成员的信箱里，或者把个人资料发送到相应的 BBS 版块里让大家共同浏览。

学习小组要完成解决问题的任务，很重要的一点就是小组成员之间必须相互合作、相互支持，并且自由地共享知识和资源。这一点与传统的学校教育有很大的区别。在传统的学校教育中，追求“个人”的成功经常受到鼓励，而这不可避免地就在学习者之间引发了激烈的竞争，进而导致学习者缺乏合作的精神和技能。而 PBL 恰恰强调的就是小组成员之间的相互合作，相互尊重，以及积极参与、努力完成整个小组的目标。此外，在 PBL 中，如何创造性地利用核心成员（dominating members）的才能，如何鼓励不太活跃的成员（quiet members）的参与也是小组学习获得成功的关键。上述这些关于合作的重要性以及合作的技能都需要教师在学习小组成立后给予强调。

（四）选择便于互动的交流工具

不同于传统课堂的面对面的交流，计算机及网络作为一种交流媒介它不像空气那样整个是透明的，而是不透明中分布着透明的通道。无论是学习者与学习者或学习者与教师进行交谈还是 " 书写 " 交流，都是连接不同交互通道的过程。网络环境中的交流活动，依据通道的不同主要有：基于文本的方式，借助于目前网络聊天室（chatroom）、电子白板、BBS、QQ、MSN 等技术的支持；基于视频会议的交往方式，视频会议系统支持文本、图纸、图像、音频、视频等等，交往主体可以 " 面对面 " 地交流；基于虚拟学习者（Virtual Learner）和虚拟教师（Virtual tutor）的纯虚拟方式，该系统依赖于人工智能和软件技术等，用系统模拟出一个或多个学习者的交流对象（学习者不易直接察觉的），形成一个虚拟交流学习环境。从时、空两维度来看，可以有同时同地、同时异地、异时同地和异时异地的方式。比如采用异步双向信息交流的方式（如 BBS，E-mail 等），也可采用同步双向信息交流的方式（如网络视频会议系统、桌面视频系统、ICR 等）。

（五）利用网络远程传输问题

组织好学习小组后，紧接着的教学活动就是通过网络发放问题（基于问题的分组与此程序相反）。问题的发放有两种方式：即 E-mail 和 BBS。在网络环境下，要给各学习小组提供现实中真实发生的问题或一种与现实相类似的问题情景。问题发放之后，教师还应把学习者组织在一起，或通过实时交互的方式（网络聊天室（chat room）、QQ、MSN 等），或通过非实时交互的方式（BBS、电子白板），引导、启发学习者对接收到的问题进行初步的讨论。讨论的内容包括问题中隐含的事实信息、概念，以及学习者自己对于解决该问题的初步假设等等。讨论的目的以及结果是小组成员通过相互协商确立了小组总体的学习目标或学习计划，同时也确立了每个小组成员个人的学习目标或学习计划。

（六）小组成员的自主学习

当小组的学习目标确定之后，小组成员就在学习目标的引导下去探索，尝试解决问题。在这一阶段，教师首先要在 BBS（或教学平台）上提供给小组成员必要的学习资源，其中包括丰富的相关网址的链接、相关的书籍和期刊、以及这方面的专家信息等等。然后学习者根据上述这些学习资源去主动获取信息：或在网上查阅相关的电子资料，或到图书馆翻阅书籍、期刊，或访问专家等等。有的情况下学习者还需要自己动手去设计和操作实验以验证假设。当学习者在自主学习的过程中遇到了困难，教师要及时地给予适当的启发、引导。需要强调的一点是，教师在给予学习者帮助的时候要把握适度的原则，不能代替学习者的思考，不能直接给出学习者的答案。最好的办法是采取萨奇曼（J.R.Suchman）的科学探究教学方法，即教师回答学习者提出的问题时，只能以“是”或“否”来回答。对于学习者的提问不能用“是”或“否”来回答时，教师应要求他们进一步深入思考或探索并重新提问。这种教学方法的目的是最大限度地发挥学习者的积极主动性，促使学习者自主的探索知识，发现知识，进而培养学习者的科学探究能力。

（七）小组进行协作学习

一旦设计方案被决定了，并且角色也分好了，小组就进行最初的协作学习。在小组成员独立自主地探索之后，小组成员再次聚集在一起，通过网络相互汇报并讨论各自获取的信息，解决问题的过程及结论等等。在汇报和讨论获取的信息方面，一方面小组成员要分析评价各自在自主学习时所获得的信息，另一方面还要进行相互之间的信息分析和评价。这些分析和评价包括分析信息是怎样得来的，信息的来源是否可靠，哪些信息对于解决问题是有价值或无价值的，以及信息的时效性和权威性等等。上述有关这些内容的讨论对于培养学习者搜集信息，分析加工信息、评价信息等方面的能力很有帮助。通常一个复杂的问题，不是一两次小组讨论就能成功完满解决的，它往往需要小组成员多次集会，多次展开相互交流和讨论学习者投入大量的时间和精力按计划方案解决问题和开发项目，从形成性评价中获取反馈信息，不断修改并完善解决方案。

在每次小组讨论时，教师都要启发、引导小组成员重新审视上一次确定的小组的总目标以及小组成员的各自目标，同时让小组成员根据实际情况调整、修改、细化这些目标，并安排下一步的学习活动。这样学习者独立自主地学习和小组讨论反复进行直至问题得到解决。

（八）师生一起对学习进行评价

通过一系列反复的协作问题解决学习后各小组将形成他们最终的问题解决方案或产品。当问题的解决方案或项目产品的最终版本完成后，他们就要上交给教师来评价。学习者要反思自己在知识、技能方面、小组协作技能方面和元认知策略方面有哪些收获，通过小组成员间的交流可以共享关于整个学习过程的经验。在此次讨论中，自己学到了什么？在小组讨论中自己做了什么？自我评价如果是否定的，打算今后如何改进（不用写出来，只要在心理能认真反思就可以了）。反思的意义有以下几点：其一，能使学习者把原知识与新知识相互联系起来，提升思维的综合性；其二，提高了个人对知识到能力的转化进程；其三，培养了对自主学习方法的理解与掌握，学会了“学习”。

这些活动也蕴涵了学习者评价自己以及合作伙伴在解决问题过程中的表现。另一方面，教师也要对小组协作、学习者独立自主学习分别做出总结和评价。需要注意的是，PBL 中的教学评价不同于传统教学中的教学评价。前者更多地关注学习的过程、个性特征以及小组之间的动力学关系，而不是学习者获取的知识；而后者关注的只是学习的结果，目的是为学习者打分。

以上八个要素是应用基于问题的学习进行网络教学设计的基本操作程序，这些要素的先后顺序并不是一成不变的，它是随着问题的复杂程度或学习者的特征等因素的不同而发生变化。

应用基于问题的学习进行网络教学活动的设计可以让教师有能力开发出有效的学习活动而获取网络提供的机会和资源。基于“真实”问题的学习，学为所用，学习才变得真正有意义。应用基于问题的学习进行网络教学活动的设计培养了学习者的自主学习、协作学习以及解决实际问题的能力，不论是对我国正在开展的综合学习实践还是网络远程教育都有非常重要的借鉴意义。

第七节　网络教学设计样式的研究

网络教学对于很多新手教师是一个较为陌生的事物，尤其是对已经习惯传统教学手段和方法的教师，面对这个新的教学方法的时候，可能会产生难以适应的感觉。如何从网络中获取可以借鉴的原则、方法和教学思路，需要教师适应网络教学的发展趋势，不断进行创新和实践，获取专家经验，达到灵活运用的程度。本节对教育设计手法 EDR 中涉及到的网络设计样式展开论述。谈一谈网络教学对于教学实践的意义以及取得的成效。期望对于创新教学方法、提升教学质量具有参考价值。

随着现代信息技术的飞速发展，网络教学方兴未艾，在我国高等院校、中职院校中被广泛使用，为自主学习、资源共享提供了途径。网络教学是教育开放的成果，通过优质的网络课程设置，学生们多了探究、体验、思索的机会，课程内容多了网络教学、网络课程、网络练习、网络平台等诸多领域的设置，师生们能够在网络学习的环境中各自发挥应有的作用和才能。

一、网络教学设计样式与传统教学设计样式之比较

（1）教学设计是教学教育创新工作中不可或缺的环节，通过教学设计，教学内容和手法等有了可以遵循的依据，为教学质量的提升提供可靠的保证。网络教学设计既有传统课堂教学的理念和特点，又融入了网络环境的技术支持，因此在很大程度上是对传统教学设计的拓展和延伸。自 20 世纪 90 年代网络教学设计正式进入教学教育工作领域，学术界对其的研究和实践从未停止过。从目前的发展态势看，已有的网络教学设计主要表现在以下几个方面上：

①与传统的教学设计相比较，网络教学设计沿用了其中经典的部分。例如 ADDIE 模式，内里就有传统教学设计理念的渗透与融合：注重过程，包括分析、设计、开发、实施和评价等。

②网络教学设计对传统的教学设计进行了改造并加以应用。例如一些专家的研究发现，网络教学设计不同于传统教学设计之处，在于网络教学设计中以传统的教学设计为基础，但已经进行了突破，由原来的五个阶段的教学设计步骤升级到七个教学设计步骤，而且在每个步骤中又衍生出子步骤。

③网络教学设计模型中，与传统教学设计模型不同之处在于聚焦过程的不同，这种聚焦在于其强调教学设计产品是以问题为重要的规范，而不是单纯在设计过程中的探寻。因此，教学设计应利用功能原型而不是对文档加以约束达到表征。

④网络教学设计提供的教学案例库，较传统教学设计更加生动，更加利于记忆和理解。教师通过网络案例进行教学，能够将深奥的知识加以浅显的表达，同时能调动和激发学习者的兴趣。在线学习本身就是将学生和教师进行分离的，在网络教育领域里，学习者只有通过自主学习才能加深对知识和技能的掌握。因此，通过网络课程的设计，使用案例帮助学习者进行自主学习，是非常有利于自学成分较多的远程在线教育模式的。

⑤网络教学设计在20世纪70年代就有学者这样定义："当我们的环境中不断出现问题，需要一个非常关键的解决方案出现的时候，这种方法帮助我们解决重复使用的问题，而不再需要其他方法的辅助。"这时样式思维的出现，也就是软件行业中常用到的软件设计理念．在《设计样式》一文中，对于信息系统的设计样式有着非常详尽的阐述。样式在软件行里已经成为起着奠基作用的事务。根据国外发达国家计算机教学经验来看，将基于样式理论的方法用于解决问题，是对考学方法的开发。而后在 2012 年《教学，一门设计科学：

为学习和技术构建的教学模式》艺术中，对教学设计的挂念，提出了获得学习、讨论学习、实践和合作学习的理念。之后，我国一些学者和教师也对网络课程的设计提出了看法和建议，即将网络课程的样式分类为理论导学型、技能训练型和问题研学型等。

（2）对于教学设计模式理论的探讨一直贯穿在模式和理论的使用与实践的主题中。从教学从业者的角度来看，教学设计的模式和理论过于抽象，如果只是遵照专家学者的研究理论去指导工作，难以把握实践。因此，新手教师在进行教学案例的设计时，应于具体的学科知识相关联，立足于实际进行操作。这是一个缺乏可借鉴案例的崭新的领域，尽管国内外学者做过大量的探索，但是作为真正的实施者，教师和其他行业的设计师一样，都想从真正的需求着眼，将教学经验和范例相结合，将网络教学与课程设置加以完善和改进。

二、教学概念的解读

新手教师面对教学样式的概念，也许只能停留在教学实践中成功案例的学习层次。在网络教学中实际上可以借鉴的成功经验可谓少之又少。在这一崭新的教学形式中，教师的角色和职责都与传统方式发生了彻底的不同。教师的工作可以说已经被网络技术所替代，如网络教学课件、虚拟实验等等。绝大多数的教师都在这一崭新的教学模式中探索着，期望找到一条捷径，达到教学目标。但是，由于已经习惯于传统的教学模式，传统的设计参考支架完全不能满足网络教学设计的要求。因此，教师必须结合具体的学科知识，将教学实践和理论加以结合，从中观的层面研读设计工作的可操作性。

教学样式的特点包括易于让用户了解和掌握的可操作性，简单概括就是易学。还包括通用性和规范性。当教学内容和活动的设计变得通用和统一后，知识的共享就通过设计的理念和模式变成了现实。第三，网络教学设计具有在特定情境下解决重复出现的教学问题的功能。当教学实践中只有专家经验没有教学经验的时候，网络教学设计可以帮助教师用较为简捷的方法记录教学实践中的专家知识，使得高深的理论找到实践的渠道，通过实践大多数人能够分享到成功教学的方法。

三、基于 EDR 的教学样式探讨

教学样式的设计是研究者希望在实践中加以解决的理念性工作。在寻找通用的方法的过程中，教育设计研究（EDR）起到的作用是将理论与方法结合，满足教学实践需要的指导思想的要求。EDR 旨在通过研究和实践，将教学理念在现实实践中变为现实并开展协作，得到情境敏感的设计原理和开发理论。得到的成果里面既有理论性又有实践性的成果。形成具有指导意义的可操作性强的教学设计方法。并通过简介的结构形式加以记录。以帮助寻求实践案例的教师获得应用的知识。

EDR 将教学设计分解为三个子循环，每个循环中都有短期和长期的目标与任务。网络课程是网络教学的载体，在网络课程建设时，将网络教学的内容、评价、等设计清晰并预演。得到课程和资源开放课的全面设计、单元设计和内容设计，包含了课程的组织架构、策略、活动等等内容。

四、典型样式分析

以中职院校课程的组织结构为例，网路教育课程涉及到的课程门类繁多，包含了工学、理学、教育学、管理学等内容，是新理念和技术结合的高水平的结果。课程的组织结构分为整体和分层两种架构。按照课程组成要素划分，可以分为电子教案、教学案例、例题习题等门类。实现查找资料、课程共享、内容评价等模块。这种设计的策略以一个课程为单位，对资源库进行分门别类，实现了以知识为中心的精品课程的设置（见图 1）。

每一门课程中还设计了多种活动。包括学习指导、预习与测试、课件学习、案例分析、协作讨论、论坛、角色扮演等，活动内容多以多媒体形式表现，有视频、图像、动画、文本等等。还有多种学习工具的支持，如笔记、计算器、标注等等。每一个章节设置不同的学习目标和内容特点以及组织策略，特点就是问题多、自主探究的内容多。

网络课程的基本结构，主要由课程、学习、活动、知识四个组成部分构成。每个部分都有显示终端和平台，便于课程重建和重组。

网络教学设计样式目前还处在积极探索与创新的工程中，相信网络教学设计人员和教师联手之后，能够在多媒体技术的支持下，形成良好的网络教学环境，使网络课程设计策略和方法取得进一步的发展，达到优势互补，提高课程的总体建设水平。

第五章　网络教学设计的创新研究

第一节　高校网络教学资源的设计理念

在硬件环境和师资队伍具备的前提下，网络教学资源便成为网络教学实施的关键，得到各高校的普遍重视与关注，形式多样的网络教学资源库先后建成并上网。但这些资源库还不尽完善，从一些高校的精品课程网站来看，大部分只是上传了多媒体课件、电子教案和少量讲课视频，远远不能满足学生自主学习的需求。因此，如何适应信息时代教育发展方向，加强对教学资源的研究和开发，并科学合理地应用于教学实践，是高校开展网络教学面临的迫切任务。

随着教育信息化时代的到来，网络教学已经被提到非常重要的地位。网络教学的特点就是让学生享受到内容丰富的优质教学资源，因此，网络教学资源是网络课程建设的核心内容。网络教学资源是指经过数字化处理，可以在网络环境下运行的多媒体信息材料，如数字视频、数字音频、多媒体软件、文字、图片、动画、影像资料、网站等。

一、根据课程特点和教学目标设计网络教学资源

网络教学资源设计首先考虑在内容上与课程教学目标相匹配，注重内容的针对性、实用性和新颖性。除了涵盖课程教学的全部内容，使学生掌握学科基本理论与技能外，还要考虑能力与素质方面的教学目标，既针对课堂教学，又满足学生自学，注重发展学生个性，让其成为教学的主体，掌握网络环境下获取信息的基本技能，培养自主学习能力。

有些课程的特点是内容多、难理解，而课时又有限，就要充分发挥网络教学的特点。对于教学资源的设计，要结合本校实际，依托学科发展，根据不同的内容采用不同的媒体形式呈现给学生。无论是基础课还是专业课，最基本的原则就是要把优质的教学资源呈现给学生，把学科最前沿的进展随时展现给学生。开放的网络教学特别适合学生在课堂时间以外进行拓展学习，给予学生较多的学习自主支配时间和较大的个性发展空间，使学生在较少课时条件下，系统、深入掌握本学科的知识要素，同时拓展专业视野。

二、根据学生特点与需要分层次设计网络教学资源

网络教学的目的是为学生自主学习创设良好的环境，有利于学生创新能力和信息能力的培养。因此，网络教学资源的设计要充分考虑学生的特点和学习需求。大一或大二的学生还没有走出高中的学习习惯，还不适应网络教学自主学习，所以基础课或专业基础课的网络教学资源设计就要更多地考虑对学生的引导，使学生顺利进入网络教学平台进行学习。而对于高年级学生来说，大部分毕业后第一条出路是报考研究生继续深造，这就要求具有较深厚的理论基础、较宽广的知识面、较强的自主学习能力和较强的创新能力。所以，这些学生需要更多的课程以外的资料，如能把相关的学术期刊、国家精品课资源、学科发展前沿等介绍给他们，对考研、读研都会很有益处。所以，除了基本教学资源外，还应构建网络平台下的课外教学资源库，方便学生自主学习和拓展学习，促进学生个性化发展，满足就业、考研等不同学生的需求。因此，要明确网络教学资源不同的服务对象，对教学内容进行分层次设计，根据不同学生需求，提供不同的学习资源。

三、根据网络教学特点建设一个开放的网络学习环境

网络教学的特点是信息海量，资源无限，日新月异，有相当部分的资源可以用于学生开放学习；有利于人机互动、师生互动和生生互动，为学生提供协作学习的平台；不受时空的限制。因此，网络教学可以为学生提供其他媒体无法带来的便利。开放的网络学习环境可以使学生利用多种媒体资源开展自主探究学习与协作学习，通过多种途径获取信息，并恰当地利用信息。创设能够促进学生主动学习的网络学习环境也是网络教学资源设计的重要内容。营造以网络资源为支撑，面向全体学生的终身学习的开放教学环境，使网络教学资源最大限度地满足学生的需要，支持自主学习，激发学生兴趣。在设计时要考虑给学生提供多种方便的交互方式和交流手段，能够进行教师、学生和计算机之间的多边互动，师生之间随时随地进行教与学的交流，营造一个平等和谐的对话方式，使教师和学生更加融洽。

四、师生共建网络教学资源，培养学生终身学习能力

运用网络资源进行教学，其宗旨是为学生创造多样化的学习环境，使信息技术成为学生自主探究学习和解决问题的工具，提高学习效率，促进能力发展，培养信息素养和终身学习能力，在网络环境下学会学习，尽快适应数字化生存环境。目前，很多网络资源是以教师教为主，供学生自主学习的网络资源比较少。基于网络平台资源的教学是以学生为主体的教学模式，学生通过亲自搜集信息，完成主题任务，使学习过程成为探索与发现的过程，在解决问题的过程中进行知识的建构。因此，网络资源建设要提倡学生主动参与，所

有学生都可以将自己的资源上传到网络平台与大家共享，使网络资源不断丰富、不断完善。可以配合研究性学习的开展，调动学生积极性进行网络教学资源建设。由教师给出主题，指导学生利用网络自行搜集信息，进行筛选、分类、重组后提交到教学平台，使学生在丰富资源库的同时提高信息处理能力。

由信息时代孕育而生的网络教学其鲜明的特点之一就是海量的信息资源、便捷的检索方式和开放的学习环境，为师生创设了更加广阔的教学空间，提供了极其丰富的教学资源，增加了师生互动方式。网络教学作为一种全新的教学手段，资源的建设是一个不断探索和丰富发展的过程，现代教育技术与各学科教学的整合是一项复杂、艰巨的任务，要求教师不仅要有先进的教育理念，更要掌握现代化的教学手段并运用于教学实践中，充实教学资源建设，创设开放的网络教学课堂。

第二节　网络影视课程编导理念的微课教学设计

文章以“2015 年全国职业院校教师微课大赛”评委专家和“2016 年北京市高等学校继续教育大学生计算机设计应用大赛”总裁判长的视角，从微课教学设计的角度，对全国职业院校教师微课大赛和北京市成人继续教育大学生计算机应用竞赛的微课作品进行了研究分析，首次将网络影视课程编导理念引入微课教学设计。文章针对参赛微课作品的教学设计，从知识内容、教学策略及媒体技术应用三个维度进行转换研究，提出了基于网络影视课程编导理念的微课教学设计新模式。

随着“微时代”的到来，微课成为其语境下人们在教育领域的新探索。很多教学工作者和研究者疯狂地追逐微课，但真正吸引学习者的微课并不多，究其原因是微课教学设计缺乏吸引力，无法适应“互联网 +”环境下教育意识形态的新发展，很多微课缺乏教学情景设计，教学过程枯燥、呆板，无异于“课堂搬家”。

微课分不同的精品制作等级，但都不能脱离人的基本需求。影视课程具有新媒体的特征，是知识在人类生活中的再现。影视课程将知识还原于生活，将学习者看影视微课的过程变为知识体验的过程，让学习者在媒体效应中品味知识。传统网络课堂是忽视受众心理的强意识灌输，而影视课程利用人的特点和弱点进行设计，弱（无）意识进行感染达意，使重点难点在对比中完成；传统课堂告诉你什么是知识，而影视课程告诉你应该怎么做；传统网络课程具有强烈的课堂仪式感和教师统治感，影视教学是生活化的艺术感染，达到了工科问题文科化，文科问题戏剧化的效果。教师从“神坛”上走下来，将自己的智慧化作最小的落地单元，用最接地气的方法表述出来，将讲课的内容融入认识世界的空间，无意识在上课，却是在讲授知识。网络影视课程编导理念集第四代电影、第九艺术、影视教育心理学、课程编导、云环境下的数据编导于一体，完成了一个全新的、与传统教学并行的新颖教学模式和思维。

文章从微课教学设计的角度，对全国职业院校教师微课大赛和北京市成人继续教育大学生计算机应用竞赛的微课作品进行了研究分析，从知识内容、教学策略及媒体应用三个维度进行转换研究，首次将网络影视课程编导理念引入微课教学设计，提出了基于网络影视课程编导理念的微课教学设计新模式。

一、研究背景

教育信息化环境下，教育资源形态呈现了碎片化、主题化和微型化的发展趋势，微课便是教育信息化时代的产物。麦克格鲁（McGrew）提出的“60 秒课”，是一种用 1 分钟左右的时间来讲解或说明一个特定主题或知识点的教学方式，这是微课程的雏形。之后胡铁生指出，“微课”是指按照新课程标准及教学实践要求，以教学视频为主要载体，反映教师在课堂教学过程中针对某个知识点或教学环节而开展教与学活动的各种教学资源有机组合。黎加厚认为，“微课”和“微课程”同义，是指时间在十分钟以内，有明确的教学目标，内容短小，集中说明一个问题的小课程。祝智庭则认为，微课程应是一种适应现代快节奏，适合移动学习、泛在学习、碎片化学习等而围绕某个教学主题精细化设计的讲座，长度不长于十分钟的内容精、容量小的新型课程形态。

微课凭借其短、明、快的特点被教育界所接受。各种形式的微课大赛也在如火如荼地举行，由中国职业技术教育学会信息化工作委员会举办的 2015 年全国职业院校教师微课大赛中，来自全国各地的 1200 余所职业院校的参赛选手，提交微课作品 2600 余件，其中中职组 1654 件、高职组 508 件纳入评审范围。在由北京市教育委员会举办的 2016 年北京高等学校继续教育大学生计算机设计应用竞赛中，共有 39 所院校提交 134 份作品，其中微课组 35 份作品，视频短片组 41 份作品。文章以“2015 年全国职业院校教师微课大赛”的评委专家以及“2016 年北京高等学校继续教育大学生计算机设计应用竞赛”的总裁判长的视角，探索基于网络影视课程编导理念的微课教学设计。

二、研究过程

本研究以全国职业院校教师微课大赛为例，随机抽取此次微课大赛的 300 部作品进行分类统计，针对参赛微课作品的教学设计，主要从知识内容分析、教学策略分析和媒体应用三个维度进行研究。

鉴于我国微课正处于初步探索和完善阶段，需要进行深层次的分析研究，因此本研究主要采取内容分析法，即以预先设计的类目表格为依据，用系统、客观和量化的方式，对信息内容加以归类统计，并根据类别项目的统计数字，做出叙述性的说明。

三、研究结果与分析

（一）教学内容分析

本研究将随机抽取的 300 部参赛微课作品进行归纳分类，从教学模式的角度将微课分为以教为主的微课（讲授型、演示型）、协作为主的微课（讨论型、实验型、合作学习型）和以学为主的微课（启发型、练习型、自主学习型、探究型）。

由于传统教学理念的影响，以教为主（讲授型、演示型）的微课（231 个）依然占据主体位置。在教学内容上，以教为主的微课存在的问题主要是教师对知识内容理解不够深刻，知识点不够明确，学生无法对学习内容进行深层次的加工。协作为主的微课（32 个）主要存在的问题是教师很容易忽略学习者特征以致造成教学难点的出现。教学应该符合学生对知识由简单到复杂的认知过程，教师必要时应该对知识进行前期的铺垫；以学为主的微课（55 个）在教学内容上主要存在的问题是选择问题和情境不当，影响学生对新知识的理解。

综上可以看出，在教学内容上，本次大赛微课作品主要出现了知识点不明确、教学难点无法很好解决以及错误的问题和情境引入造成学生对知识点的“误解”等问题。

（二）教学策略分析

从微课的引入手段类型层面，本研究将其分为冲突引用型、悬念应用型和平铺直叙型。首先对 300 部作品引入手段与作品分数进行统计。

结果显示：相对于平铺直叙型的引入，冲突和悬念引入的微课更加有吸引力。就微课类型来说，讲授型微课多采用平铺直叙型，这种类型的引入，相对来说比较死板，很少出现兴奋点和转折点，无法吸引学生注意力，知识枯燥，形式单一，缺少互动。演示型的微课容易出现的问题是教师在没有配备必要的解说时便开始演示，没有正确的问题导入，容易出现学生对知识的困惑。而协作为主的微课和以学为主的微课相对来说比较能够吸引学生的注意力，互动性比较强，学生参与性强，采用适当的情景和问题导入法可以很好地设置悬念，制造冲突，吸引学习者的注意力，如果运用得当，效果较好。

在叙述问题角度，本研究将其分为多条叙事线型微课和单条叙事线型微课，通过对其进行统计。

叙事线分为主叙事线和辅叙事线，主叙事线是叙事的骨架，是一个非常可观的、没有任何修饰的事物主体；辅叙事线通过蒙太奇、特效、特写、旁白、转场等技术引入支持主题叙事的人物、事件，相当于叙事的血和肉，使得问题更加落地、清晰、活灵活现。辅助的叙事线是为主叙事线服务的。根据统计结果，相对于单条叙事线来说，二条或三条叙事线并行叙事、交叉叙事，能够持续吸引学习者注意力和保持对知识的新鲜度。如中职组 - 专业技能类一等奖作品《低头族的颈椎保健》在叙事方式上，从现实生活出发，引出病态，中间穿插引入社会现象案例及几种临床分类，接着又引出有效的治疗方法。整体上做到了多条叙事线交叉叙事，能够提高学习者的学习兴趣又不会让学习者感觉疲惫，达到了很好的叙事效果。但是叙事线过多会加大知识的复杂度，无形当中增加学生学习的负担，出现过犹不及的现象。

另外，本研究还对微课作品中出现的“移情”效应和整体教学效果进行了分析。移情也是可以让学习者跟着教学走的有效方法，对教学效果起着重要的促进作用。而教学期待可以使学习者产生人物移情（包括形象移情、演说移情等）和内容移情（包括内容吸引、情节吸引等），前者会让学习者产生美好的心理环境，后者将会保持学生对课程的追踪度。

综上，恰当地将影视技巧引入到微课作品中，可以让微课更加有吸引力，增强微课的精彩程度。例如《低头族的颈椎保健》，它从现实生活中有很多人饱受颈椎病折磨的角度出发，自然出场，引出病态。通过 VR 技术融合抛出问题，用技术消灭在教学中的技术痕迹，做到了无说教痕迹、无空间转换痕迹，具有较强的达意和感染的效果。并且通过引入社会现象案例、几种临床分类让学习者对号入座，进而引出有效的治疗方法，即推出具有强感染力的颈部操，学习者也都会不由地跟着活动。围绕多条叙事线，兴奋点接连不断，结论明确，知识点独立，做到了形散而神不散，不断推出问题，不断解决问题，一个个小陷阱设计巧妙，最后进行结束语，较为轻松地实现了教学目标，此作品荣获中职组 - 专业技能类一等奖。

四、媒体应用分析

通过对抽样样本的分析统计得出，微课在媒体应用方面朝着多样化趋势发展，幻灯片、图形、图像、动画、音频、文字、色彩搭配以及镜头使用等都以各种形式出现在了微课作品中。

一定的媒体冲击力对教学效果起着积极的作用。例如，高职组 - 专业技能类一等奖作品《色彩搭配》，以一个广告的配色效果为例让学习者对灰度、颜色度、饱和度的概念产生深刻的印象，体现了以学生为中心的教学思想，媒体运用自如，作品整体达到了一种艺术美的境界。但是媒体冲击力应当适度，否则会偏离叙事主线。例如也有大量未获奖作品媒体运用不恰当，为了突出音乐和视觉效果而转移了学生对主题的关注度，让学生形成两个无法融合的视听空间，从始至终教师与投影屏幕同在，镜头无伸缩变化，有的引入媒体过多，或者媒体的吸引力超过课堂本身，造成形式大于内容，分散了学习者注意力，出现了过犹不及的现象，这也就失去了微课存在的意义。

五、基于影视课程编导理念的微课教学设计转换

以上反映出大多数微课仍然采用传统的教学理念，在教学设计角度，作品在教学内容、教学策略和媒体应用上出现内容不清晰、知识不明确、教学难点多、教学缺乏吸引力、

互动少、缺乏情景设计等问题，而恰当的影视技巧应用可以很好地解决如上问题。文章将网络影视课程编导理念引入微课制作中，基于网络影视课程编导理念的微课教学设计转换模式。

（一）微课教学内容转换

针对微课教学中存在的知识点不明确、教学难点多以及学生对知识理解不透彻等问题，网络影视课程编导理念把教师授课内容视为基础素材，对其进行二次创意，强调工科问题文科化，文科问题戏剧化，复杂问题简单化。在进行教学内容转换上，主要是将知识进行联通和分解。

在微课教学中，教学设计者要对知识点进行铺垫，学习者通过前序的铺垫，完成信息积累，促成学生对教学内容产生心理关联。根据戴尔的经验之塔理论，教学设计者在设计一节课时，必须做到从具体到抽象逐步过渡，否则就会产生教学难点。微课的一个重要特征就是“微”，包括知识点的“微”、时间的“微”，如果要在短小时间内将知识点讲清楚，则需要在教学中尽量做到“无难点”，如何克服微课中的难点？首先，需要且必须将知识内容和现实经验对应和融合，并借助外部描述将学习者所不能直接获得的经验或知识以替代性的信息传达出来（如声音色彩的变化以及各种镜头剪接手法等）。由此便可以针对性地传达教学信息，降低知识的复杂度。再者，克服难点问题还可以运用削坡和填坡。削坡即把问题进行分解以及总结，将抽象经验具体化，分解的关联度要强，分解的原则是降低知识难度，最后对各个分解单元组合，完成知识点的整体构成；填坡即对知识内容进行前期铺垫，由做的经验、观察的经验到抽象的经验逐步过渡，做到“无难点设计”。

例如中职组 - 专业技能类二等奖作品《平息环路造成的广播风暴》，将逻辑设计转变为形象思维，教师从高技术神坛中走下来，是工科问题文科化的典型案例。将网络问题形象化，最后给出问题的答案，是工科问题悬念设计的典型。本作品解决问题的方法非常明确，媒体运用自如，做到了将复杂问题简单化，工科问题故事化。

（二）微课教学策略转换

文章将从微课问题的引入和问题的解决两方面进行影视课程的转换。将影视中的冲突、悬念、多条叙事线、移情等技法运用到微课教学策略中，以改善传统微课教学中存在的问题。

1. 恰当引入，引起学习者注意力

首先，根据皮亚杰的同化和顺应理论，有时候只有同化是不行的，“顺应”可以改变主体原有的图式去适应新知，从而使图式发生质的变化。“没有冲突就没有戏剧，没有心理期待就没有教学目标，没有悬念就没有网上课堂”，问题地抛出精彩程度直接影响到课程的精彩程度。在讲课中我们要引出冲突，让所有学习者参与冲突，在冲突中找到自己的位置，在微课教学中，当学习者与教师、学习者之间以及学习者自身知识之间产生冲突的时候，可以引发学习者思考，进而探究，产生“顺应”，使其学习效果达到最佳。

制造冲突常用方法便是讨论，在微课教学中，教师应允许并且鼓励有不同观点的产生，双方或者是多方通过激烈的辩论产生争执，在矛盾中产生对问题的见解，揭示出问题的实质，找到正确的答案。因此，建议微课设计者可以在微课中加入双方博弈、沙龙讨论以及辩论的形式，以达到一种最佳的学习效果。

再者，也可以采用悬念手法引入知识点，用格式塔理论填空，形成信息不平衡导致的认知失调，促进学习者学习。所谓悬念，就是“以引而不发、悬而置疑的手法来推进情节和冲突的发展，使故事的铺展呈现曲折、复杂的曲线形态”。在微课教学中，教学设计者制造悬念的目的就是引发学习者强烈的关切、焦虑的心理，一般情况下，教学设计者在特定的场景中运用悬念，引而不发，使学生产生求知的欲望，而悬念的答案通常就是课的重难点。恰当地运用悬念对微课中的情景设计、教学重难点的牢记等具有重要的作用。根据影视课程编导理念，教学如同师生同做游戏，教学设计者如果无法使这个教学游戏拥有足够吸引力，那么学习者自然就会放弃参与，终止学习。反之，教学设计者若想学习者参与自己的教学游戏，就必须用精彩的内容来吸引学习者。此外，根据格式塔心理学，也需要将必要的“骗技”引入到教学之中，教学的叙事“骗局”也就是需要设计教学“悬念”。看电影的过程其实是“思想甘心受骗”的过程，明知影片中有很多陷阱，观众还是想尝试，这是因为电影可以在他们心里产生一种强大的“整体知觉”。教学亦是如此，网络影视教学研究通过各种悬念技法去吸引学习者，它是一种“心理学游戏”，恰当运用会有意想不到的效果。

教学中制造悬念的方法一般有两种：①通过制造信息缺失制造悬念。根据格式塔心理学，制造信息缺失，打破原有信息结构的平衡，形成信息缺口，可以激发人们完形填空的心理趋向，从而产生强大的心理张力。微课教学设计中，教师要有意扣留信息，使信息产生不平衡，从而引发学习者思考，进而产生更强烈的关注。在微课后期制作中，我们可以根据教学目的，将教学视频以插叙或者倒叙的方式进行剪辑，从而做到信息缺失，造成教学悬念。②通过打破心理定式制作悬念。在教学当中，心理定式指的是学习者根据已有的知识体系或者已获取到的知识信息而产生的一种较为确定而又稳固的心理态势。根据皮亚杰的同化与顺应理论，主体面对不能“同化”的客体，“顺应”能改变原有的图式去适应环境的变化，从而使图式发生质的变化。因此，打破心理定式是学习者获得新知的有效方法。

2. 转换问题解决策略，持续吸引学习者注意

问题抛出后，怎样解决问题才可让课程不枯燥，让学习者随着教师的引导继续深入理解？教师应该如何设局？网络影视课程编导理念强调教师可以利用人们在影视欣赏中天生愿意上当的特点及人们的好奇心巧妙设局，要不断地设计为什么，不断地讲主我、客我、引入第三方观点和案例，给学生挖一个适中的陷阱，恰如其分地引入媒体素材，巧妙地使用媒体叙事张力和语言叙事张力，完成微课叙事设计。

“二分钟一个兴奋点，十五分钟一个转折点”是网络课程的叙事要求，在微课中，教

学的兴奋点可在一分钟内，微课转折点可在五分钟内。网络影视教学可以多叙事线、更加清晰的描述事物本身，多条叙事线无法用语言传述清楚，因为语言是一维（信息）的，而文字是二维（信息 * 时间）的，而有支线的故事，是三维的甚至四维的（信息 * 信息 * 时间）。这就为从模式再到概念，从概念到定义，最后逐渐将若干同类现象进行定义化描述的传统教学模式，改变为更科学、直观、全面的获得知识的手段和方法提供了可能性。

二条叙事线以上并行叙事、交叉叙事，能够提高学习者注意力和对知识的新鲜度。如中职组 - 专业技能类一等奖作品《低头族的颈椎保健》在叙事方式上，从现实生活出发，引出病态，中间穿插引入社会现象案例及几种临床分类，接着又引出有效的治疗方法。整体上做到了多条叙事线交叉叙事，能够提高学习者的学习兴趣又不会让学习者感觉疲惫，达到了很好的叙事效果。但是，超过三条的叙事线，就会无形当中干扰学生对知识的理解，教学效果反而受到影响。

移情也是可以让学习者跟着教学走的有效方法，在许多成功的影视课程中，只有受众移情效果明显，才会出现受众广泛的现象。移情一般情况下包括人物移情和内容移情，而且两者之间相互影响、相互转换，可以通过适当的情景创造、环境烘托、镜头移动、字幕介绍等来增强移情效果。

优秀的微课作品在叙事上，几乎 30 秒钟一个兴奋点，2 分钟一个转折点，以一个问题为中心产生多条教学辅助问题的叙事线，不断地提高学习者的兴奋度和关注度，不断提出陷阱问题引起判断，使单方微课影视放映效果产生了积极的互动效果。

（三）微课媒体适度应用转换

微课创作需要创新性思维，跳出原来所固有的思维习惯和思维方式，打开网络思维的想象空间，制造正面、反面问题，突发性问题，应用多种反应镜头、蒙太奇进行创作。

在一定范围内，媒体冲击力对教学效果的影响逐渐增强，但是媒体的过度使用则会影响到教学效果。也就是说，不要一味为了技巧而技巧，过度的媒体冲击力会分散学生的注意力，过度的叙事张力会让学生忘记学习的知识本身，陷阱挖得太深会让学生“爬不上来”，要用技术消灭教学中的技术痕迹，做到无痕迹教学。

适当的环境营造无形当中为教学效果添光加彩，音乐、图像等媒体的适当应用可以营造一个很好的讲课环境。创作微课时可以将影视课程的特写和闪现技法加以利用，利用镜头完成了事物与事物之间的关系，从而重复和加强对记忆性知识的学习。讲课的反应镜头是一种气氛的烘托，是一个对知识点的态度，是对讲课内容的理解程度的反映。录制过程中插入反应镜头，就会产生兴奋点、共振现象、镜头内外的教学气场，就有制造悬念的机会。

综上所述，知识内容的转换可以降低内容的复杂度；冲突悬念等影视手段的应用可以引起学生的注意力，减轻学生学习的压力，使其在轻松的氛围中体验知识；移情效应可以提高教学关注度；媒体技术的适度应用可以产生无痕迹的教学。信息化教育的时代，快乐教学才是根本，教师应该充分调动学生的主动性，以学习者为中心，充分调动学习者的积极性，只有让学习者全身心投入到学习中，才能真正达到良好的教学效果。

本节结合全国微课大赛，将网络影视课程编导理念初次引入到微课教学设计中，并根据相关研究调查结果，从教学内容转换、教学策略转换和媒体技术应用转换三个角度对微课教学提出了改进建议，对信息技术发展下的微课具有重要的意义。但是基于网络影视课程编导理念的微课设计、开发和应用，仍面临诸多挑战。微课设计、开发的主体是一线教师，因此教育需要抓住这个契机，加强一线教师信息技术素养的培养，推动教师专业化发展。同时，降低技术门槛，提高微课质量，才能很好地推广和应用。

第三节　核心素养理念与高校体育网络教学设计

欧盟是将核心素养纳入教育体系发展战略国际领导者，联合国教科文组织及其成员国等已将体育教育发展学生核心素养的独特价值和潜在路径进行了理论和实践方面的探索。基于这一背景，运用文献资料等方法对基于核心素养理念框架下的高校公共体育网络教学设计思路进行了探讨。研究认为，核心素养理念的基本理念的基本逻辑包括激发学生体育学习的潜力、培养终身体育学习的意识和提升学生体育学习的能力，高校公共体育网络教学具有移动性、个性化和交互性特征。对核心素养理念下的高校公共体育网络教学设计思路包括培养学生体育学习意识、创设学生体育学习情景、建立体育互助学习平台和整合体育教学学习资源。

在科技革命、信息社会的背景下，传统体育教学理论和实践面临着严峻的挑战，高校体育教学改革迫在眉睫。习主席曾在教育信息大会贺信中指出：适应信息技术发展，建设“人人皆学、处处能学、时时可学”的学习型社会，培养大批创新人才，是人类共同面临的重要课题。核心素养研究始于20世纪90年代，已逐渐成为西方发达国家课程教学改革的支柱性理念。在教育政策领域，欧盟是推动核心素养纳入教育体系这一战略执行的国际领导者，所采取的主要策略是，把基于能力本位的方法概念化，并为不同教育体系制定参考框架。在实践应用领域，部分学校的教育系统采纳了欧盟的核心素养课程理念，还有一些学校将核心素养纳入了教育立法改革。那么，在核心素养理念的大背景下，网络教学作为新型的教育方式，已经成为传统教育的重要补充，将网络教学的方式引入高校体育教学中，是一个重要的改革尝试。尤其对于建设中国智慧大学的高校，用网络教学的方式辅助运动技能的学习和提高具有重要意义。

一、核心素养理念的基本逻辑

（一）激发学生体育学习的潜力

欧盟成员国西班牙是较早将核心素养纳入教育法案并探索体育教育与核心素养发展关

联性的国家之一。2013 年颁布的《教育质量促进法案》把核心素养纳入了国家课程标准，并规定了各科目对八大核心素养（即语言交际能力、数学运用能力、基本科技素养、信息与数字化能力、学习的能力、社交技能与公民意识、自主性和创造性、文化和艺术素养）的培养要求。西班牙学者萨梅隆等的研究亦表明，体育与获取最佳身体状态、精神境界和社会幸福感直接相关，认为体育作为一种以身体活动为主要特征的社会文化活动，具有较强的情境性和体验性。体育教育是给予学生全面教育的一种形式，学生在积极参与体育活动的过程中养成一定的品德、习惯和态度，实现与自然环境、社会环境的良性互动和协调。研究进而提出体育教育是拓展学生核心素养的一种直接且清晰的路径，可以成为发展学生核心素养的高效手段。

（二）培养终身体育学习的意识

核心素养框架下，单一的课程模式已不能完全实现体育教育的多维目标。相关研究指出缺乏学科交叉是一个主要问题。由于核心素养本身是结合了不同学科领域的成果，具有跨学科的属性和不同情境的广泛适用性，因此基于核心素养发展的体育课程设计，要有超越学科的大教育观念支撑。研究显示，体育课程是培养核心素养的载体，可从多个维度对核心素养发展做出贡献。该研究成果揭示了体育教育与核心素养发展的高度关联，旨在引导教师在向学习者传授运动技能的同时持续关注其终身发展相关素养的培养。

（三）提升学生体育学习的能力

发展学生的核心素养要求体育教育不能拘泥于课堂层面，应将其置于学校整体的核心素养发展体系中，同时兼顾社会生态环境的整体影响。核心素养的培养目标要与整体的体育教育规划相匹配，在课程、教学和评价上遵循一致性的原则。换言之，核心素养应在课程与教学中得到一致性的体现，且相应的教学与评价应保持同步。在体育课堂教学中，采取基于能力本位的方法是发展学生核心素养的重要方式，它能够帮助学生获得知识、技能和态度并进行整合，并在特定环境中释放这种能力。法国中学阶段的体育与运动课程实施关注知识、技能和态度这三个维度。在知识维度上，要求学生了解并掌握体育运动的规则及术语概念；在能力维度上，要求学生能在具体的情境中形成一种行为层面的能力；在态度维度上，要求学生形成价值的观念、心智的增强、自信心的提高等。

二、网络教学学习的基本特征

（一）体育学习的移动性

移动性首先表现在进行网络教学学习的设备上面，不论是常用的智能手机、平板电脑，还是不太常用的其他设备，它们都具有可移动性、便携性和无线性的特点。而且，随着科学技术的飞速发展，将来的移动设备将会向着体积越来越小、处理能力越来越强大、集成更多元的方向发展。只有移动设备更加便携，功能更强大，人们才会愿意随身携带，甚至在运动的场所也带在身上，以便随时学习。现在已经出现了越来越多的可穿戴智能设备，一些设备已经可以辅助我们进行体育技能的学习和训练，（如小米手环，可以监测心跳、运动路线、时间和步数，借此作为训练的参考数据；还有利用 VR 进行技能模拟训练），可穿戴移动设备的逐渐普及，必将大大推动体育技能学习进一步的发展。

（二）体育学习的个性化

由于学习者的技术水平不同、身体素质不同、兴趣爱好也各有不同，对同一个门课程的掌握程度也不一样，由此就产生了对知识需求的差异性。在我们当前所处的历史阶段，大范围的、标准的学校体育教育是具有现实意义的，但是我们也知道，对学习者的因材施教和个性化的培养是这种传统教育方式的缺陷。而网络教学学习，可以最大程度的支持学习者的个性化学习，让学习更加具有个人意义。针对学生的实际情况，提供适合他们的学习材料，鼓励学习者根据自己的情况来进行选择，随时随地的开展学习活动。网络教学学习在提供个性化的教育服务的同时，还有利于学习者自主学习习惯和能力的培养，增强学习者的自我能动性。

（三）体育学习的交互性

交互性首先表现在人与移动设备的交互。人机交互作为一门新兴的学科，是计算机学、心理学、社会学、图形设计等多个不同学科的交叉综合，它可以让用户更加简便快捷地使用计算机。一个设计合理的系统，能够有助于学习者提高工作效率，获得最佳学习效果。交互性还体现在借助移动设备实现的人与人的交互，移动设备提供了诸如电话、短信、E-mail、论坛、微信、qq、聊天室、视频会议等交互工具，从而让学生之间、学生与教师之间可以随心所欲地交流。网络教学学习的交互往往体现出交互的自由性，即一种普遍的非正式的交流。许多心理学的研究已经表明，非正式的交流，对于学习具有重要的影响作用。

三、高校公共体育网络教学设计思路

（一）培养学生体育学习意识

学生学习的终极目标是完成意义建构，这必须是一个主动的行为，也就是说，学习者最终能获得多少知识是取决于他依靠自身经验建构相关意义的能力，不是在于能够记忆老师和书本上内容的能力。所以教学的设计要以如何有利于提高学生学习的自觉性，让学生的主体性得以充分发挥为宗旨，只有这样才能达到教育的终极目标。在体育网络学习的实践中，应该鼓励学生去独立探索，随时提出有关体育技能学习的各种问题，让他们即刻利用网络搜集资料，集体协作研究解决问题的办法，在依靠自身能力和协作配合解决一个个难题的过程中，不仅完成了知识的建构，更培养了学生自主学习的良好习惯，建立了将来面对工作中难题的信心和能力。

（二）创设学生体育学习情景

在教学设计中特别关注“情境”的创设，因为它是学习者意义建构的决定因素。建构主义学习理论的核心观点是：人们的学习都是在特定的社会文化背景中，也就是与“情境”密不可分的，在真实情境下开展的学习，学生可以依靠自身原有认知结构的经验去理解和吸收新的知识，从而对新知识做出有意义的建构，最终在头脑中让新旧知识融会贯通。在传统的学校体育教学中，我们很难给学生提供让他们将知识和技能真正应用起来的情境，而当学生离开课堂后，当真正身处真实应用场景中，又难于立刻获取学习的资料和老师的帮助，因而在最佳的学习情境中失去了有意义建构的机会。利用移动体育学习，学生就可以在任何有学习需要的真实情境下，通过移动设备和无线网络获取资料、寻求他人的帮助，实现在真实的情境下使用最恰当的手段，获得最好的学习效果。同时，在教学实验中通过有目的的为学生设置真实、复杂的问题，鼓励他们借助移动体育学习的方式自己寻找答案，提出解决问题的不同观点，也培养了学生解决问题的能力。

（三）建立体育互助学习平台

对知识进行有意义建构的一个关键手段就是“协作学习”，建构主义学习理论表明，学习者之间的交流协作，对于学习内容的有意义建构有着极其重要的作用，这也是建构主义学习理论的核心概念之一。教师组织和引导学生们进行集体交流、讨论，一起构建一个学习群体。在这个学习群体中，教师和学生一起探讨体育学习的理论和技术问题，教师不以权威的姿态出现，大家互相协商，对遇到的问题都可以提出各自的看法。借助于这种协作学习的环境，所有成员可以共享群体的知识和技能，学习群体一同进行对新知识的意义建构，而不仅仅是个别学生完成了建构的过程，取得的教学意义会更加重大。我们的移动体育学习教学实验中所建立的微信群、QQ 群就是协作学习的载体，师生可以不受时间地点限制的开展集体交流意见、分享学习经验，同学们也将自己发现的好的体育视频和学习资料发到交流群中或雨课堂上，在协作的过程中丰富了知识，培养了现代社会发展所必须具备的团队精神。出现了日本人说话谨慎小心、考虑得当、为对方着想的心理特点。

（四）整合体育教学学习资源

在网络技术高速发展的今天，信息大爆炸的状态导致了信息超载现象的出现。所谓信息超载，是指信息接收者得到的信息量超出他的处理能力。这种形势就要求学生具备相应的信息技术水平，但学生们普遍缺乏这样的信息素养，靠自身的能力，花费很多的时间，可能也无法得到自己需要寻找的资料。从建构主义的角度看，教师要发挥自己的优势，从众多的网络资源中搜集有利于学生学习的那一部分，来支持学生的意义建构。所以，在移动体育学习教学中，可以为学生提供各种信息资源（包括教学课件、教学音频视频、网络学习资源等）。这样做并非仅用于辅助教师教学，其实是为了给学生的自主学习提供支持，而且，可以从中培养学生信息资源的获取和利用能力。

核心素养理念在诸多国家相继建立，为各国课程改革提供了支撑理念和依据。尤其在欧盟等国家已把发展核心素养纳入新近颁布的体育与健康课程标准之中，并在体育课程规划和课程目标中渗透、体现核心素养的培养要求。随着新的科技产品和技术的出现，对于网络教学在体育教学中的使用模式应该会有更多的可能性。受网络教学技术的不断发展，教育理念的不断更新，终身学习思想的广泛传播，无论从任何一个角度去思考，高校公共体育网络教学的快速发展都将是大势所趋。因此，对基于核心素养理念框架下的高校公共体育网络教学设计思路进行了探讨和研究，即具有前瞻性，优具有紧迫性。

第四节　创业教育理念与网络营销课程教学设计

当前高校教育中，创业教育理念不断兴起，众多的相关性活动为学生提供网络营销知识和技能演练的平台，借助一台联网的笔记本电脑，一定的专业知识，就可以实现大学生的创业，这一现状使得网络营销课程成为了当前的热门课程，也为大学生自主创业拓展了渠道，使其更适应当前的经济环境，对我国的就业压力有一定的缓解作用，本节将结合现阶段创业教育理念下网络营销课程教学的主要特点，对其课程教学的更高效开展展开积极探讨。

新时期的社会发展中，随着科技的发展及人们消费理念的转变，使得网络营销这门课程逐渐成为了当前大学教学中重要课程，综合当前的教学现状看来，理论教学仍然使其教学最为主要的教学方式，使得学生在实践技能方面的培养跟不上，不能有效激发学生的学习兴趣，更不能实现教学的效果，基于此，本节从未来发展的角度出发，尝试创新现有的教学模式，使得网络创业与网络营销课程相结合，以期能为当前的网络营销课程教学提供有益的参考。

一、当前网络营销教学方法的主要特点分析

（一）教学以理论为主

在新时期的教学发展中，网络营销是一门应用性较强的学科，更多地体现在其应用性和实践性方面，基于此，显然需要在课堂讲授理论知识外，更多地去结合实践教学环节去解析、认知等，但是新时期的很多院校仍然秉承理论教学为主的理念，教学模式以理论知识传授为主，极度强调知识体系的完整性，认为学生理解和掌握知识体系才是最重要的，综合来看，其虽然在理论知识的传授方面意义重大，但忽略了对学生实践技能的培养，无法真正意义上达到学以致用的目的，这样的教学模式下，学生毕业后的面临的就业形势会更加严峻，在网络营销实践方面与企业要求出现了很大的差距，不利于其很快就业及融入工作。

（二）实践教学不够深入

从当前的网络营销课程开展情况来看，笔者发现国内的众多院校在这一块儿已经出现了注重实践课程教学的现象，对于其中的实训及实验力度有所加大，就像更多地使用了网络营销实训平台，一定程度上增加了实验实训课程的数量，让大学生建立自己的网上商店等等，对以往的理论为主的教学模式有所改善，但总体来看，仍然存在着理论与实践结合度低等现状，使得对应的实用性网络营销教学渠道较少，此外，据笔者了解看来，其涉及到的网络营销实践大多处于起步尝试阶段，小组形式开设网店一般是学生实训的主要形式，从实际操作的效果来看，基于时间较短方面的原因，出现了网店刚开设，实训就结束的情况，这显然使得实训的效果并不大，尤其是得不到教师在网店的后期运营等方面的指导与监督，显然不能凸显网络营销教学方面的完善性。

二、网络营销教学中渗透创业教育理念的必要性及可行性

（一）必要性

（1）有利于提高大学生的自身素质。当前素质教育发展大环境下，大学生创业成为了最经济有效的方式之一，借助这种形式，可充分调动大学生的主观能动性，使其能看清自己的优势和短处，加强自主学习和独立思考，使得成长过程中更易于学会自我控制与调节，完善自身的学习。这种形式的发展，有利于大学生创业成功率的增加，更易于学会自我管理和学习，对以后面临的工作心态也能够进行自我调整，利于自己职业生涯的更好发展。

（2）能有效缓解大学生就业压力。新时期的发展过程中，作为个人在创业实践中自我生存和发展的重要能力，创业能力对于当前的就业压力有着重要作用，大学生创业能力强，显然能有效减轻社会的结业压力，更能借助这种形式去增加就业岗位，在此基础上，形成对当前社会就业压力的有效减轻，所以，当前的政府和高校，应当积极鼓励高校毕业生创业，以此来实现对当前严峻就业形式的有效缓解。

（3）是促进经济发展和国家发展的需要。在人类文明的发展中，创新一直扮演着人类民族进步的灵魂这一角色，拥有创新及高素质的人才的国家，才能拥有不竭的发展动力，从我国的发展来看，显然青年大学生正是这种年轻群体，是时代的弄潮儿，若其失去了创造的冲动和欲望，显然将对我国的政治经济的发展极为不利。高校是培养人才的摇篮，相比于其他群体，大学生富有创新精神，基础知识储备较强，所以，在将来的社会发展中，培养大学生的创业能力，无疑将成为我国各高校的首要任务，这对将我国建设成为创新型国家意义重大。

（二）可行性

（1）高校丰富的在创业资源。新时期的发展过程中，大多数高职院校在大学生自主

创业方面有一定的鼓励措施，很多学校在内部都有建立大学生创业园，借助这种方式，去帮助学生去进行网络创业，此外，为了增加大学生在相关创业知识方面积累，一些学校增设了各类型的技能超市课程和创业项目课程，不断完善了网络营销课程体系，指导学生运用校内网及网络平台，通过拍拍、淘宝等进行网上开店，这样，使得校园内掀起了网络创业之风，为学生的发展提供了创业资源。

（2）网络创业的广阔前景。新时期的发展中，互联网日益在全球兴起和发展迅速，有通统计表明，2014 年低，我国网民数量达 6.48 亿，对应的互联网普及率为 46.9%，网购渗透率为 55.7%，团购用户发展迅猛，仅 2014 年的双 11 来看，淘宝的日销售额就达到了 572 亿元等，这些庞大的数据无不在说明着网络营销的未来发展趋势及前景，网络创业也将随之发展，所以高校的应当抓紧这一机遇，及时有效地对学生加以辅导和锻炼，为其创业提供机会和平台，促进其更好发展。

三、创业教育理念下的网络营销教学对策

（一）注重将创业教育理念随课程开始导入

新时期的高校教育发展中，对于网络营销课程的教学的实施，应当在开始的时候就在交代课程主要内容的基础上，并结合对人才培养于当前我国经济社会发展的重要性入手，建立起就业危机意识，在此基础上，适时导入创业教育，这样，使得学生能对新时期的创业鼓励政策进行了解，使其认识到在实现高质量的就业方面，提高自身的创业技能意义重大。进而引导学生去摒弃传统就业观念，保持时代的警惕性，随时发现商机和创业机会，并结合后续的学习，为将来的网络营销打好基础。

（二）整合资源创建团队

在当前的高校网络营销教学实施方面，应当明白创业的过程离不开团队之间的合作和合理分工。基于此，让学生有效组建自己的创业团队极为重要，具体实施中，结合教学目标，有意识地引入人力资源管理的知识，使其能为学生进行人员配备和分析服务，让学生认识到人脉资源的重要性，运用的大量的实例去说明，很多的创业团队都是大学期间建立的，结合优势互补的原则，使得学生在组间创业团队的过程更为合理和理性。在后续的教学发展中，通过团队的通力合作，完成整个课程所涉及到的项目，使其真正意义上理解团团队的重要性，这种教学及合作模式的逐渐发展中，可以有效建立起自己的人脉资源，使得网络营销教学更具实践性，为学生的未来的就业做好铺垫。

（三）网店建设与网站建设相结合

首先，是对网店相关资料的整理，具体实施中，结合前期的调研报告，组织学生充分分析淘宝网等所销售的产品，进而有效指导学生去选择熟悉的产品开展网上销售，此外，

也应当在此基础上去界定店铺商品的类别，使得整个经营过程更紧凑。在课余时间，学生应当在网络或市场上进行货源的寻找，然后定义自己的销售为网上销售形式，此外，基于当前大学生普遍缺乏资金和经验的现状，在进货方面，可建议学生去淘宝分销平台完成，这也是最方便最实惠的方式，在处理好进货的前提下，对产品进行拍照、描述，对相关资料整理进行完善整理；其次，网店的整体开发建设方面，首要要做的便是为学生提供大量的优秀案例，使其在浏览了解的基础上，能对商品组织和色彩搭配以及网店布局等形成一定的认识，全面分析销售商品与网店风格及栏目设置等方面的关系，继而总结出完整的网店建设方案，后续教学中，则是要完成网店整体开发建设，组建完整且在网上发布相关资料后，以小组为单位，让其在全班面前展示自己的网店，为了进一步美化和完善网上商店，应当由老师和同学提出相应的修改意见，然后去对自己小组的网店进行完善。最后，则是域名的设计，当前的发展过程中，淘宝拥有特殊域名设定这一功能，基于此，在学生对自己网店域名的设计过程中，老师可指导各个小组的学生，结合对域名规则和特点的认识，为自己的店铺取一个简单易记的域名，完善自己在网上创业的过程。

（四）网络营销策略的运用

在当前网络营销课程教学的开展过程中，当学生以小组的形式建立好网店后，接下来要做的工作，便是对网店的推广了，结合对合适方法的运用，使得自己的网店能引起别人的注意，进而促进自己产品的销售，这也是网络营销的最终目的。具体的实施过程中，在进行推广前，要做的便是对自己网店产品的合理定价，在此环节，应当注重合理性，可以结合对某一产品的定价，在对类似的网上商城及淘宝上的定价策略后，运用其相对成熟的定价方法，去为自己小组建立的网站进行商品的合理定价，在此过程中，网络营销的老师应当积极为学生提供想用的指导和帮助，告诉他们应当采用的几种网络定价方式，在完善定价环节的处理后，接下来要做的便是促销，应当指导学生结合网络促销推广方式及现实中的各种促销手段，进行对自己网店商品的促销，另外，应当注意，高校的网络营销老师应要求学生尝试第一次销售活动，并要对此过程中碰到的相关问题进行归纳，然后由教师进行对应的指导，如信息安全、资金结算以及后续发展需要涉及的物流配送等，使得整个过程合理高效，让学生在实践的过程中加强自己对网络营销及网上创业的认知。最后，一次尝试销售的进行并不是整个课程教学的终结，而是学生们网上创业的开始，嘱咐学生充分利用课余时间实施网上销售，教师则要起到公正的检查作用，这样，在一学期的课程结束时，结合对每个小组团队交易情况的统计，得出其详细的收入和利润，并在课程结束时对各个小组的具体表现进行有效评价，指出其存在的不足，相互学习，共同促进对网路营销课程的学习及运用。

综上所述，在新时期的发展过程中，我国的大学生面临着就业方面的巨大压力，而创业这一理念的兴起，则为我国大学生的职业生涯发展提供了新的契机，基于此，网络营销课程逐渐兴起并成为了当前的热门课程，在此课程的教学过程中，应当紧密结合当前创业发展的大环境，重视教学过程中的学生手动实践，在整个教学中贯穿网络创业的操作与实践，教师应当积极指导学生去展开实际操作，解决其遇到的众多问题，使得学生能真正意义上将学到的理论知识运用于实践中，提高网络营销课程的教学水平，进而为我国培养出实践操作能力强的网络营销人才。

第五节　CDIO 理念与网络工程专业教学设计

CDIO 理念是最近几年外国科学家为了加强工程管理而提出来的一种新的工程管理模式。它强调以学生的自主学习为主导，加强学生的动手实践能力，提出了以“构思、设计、实现、运作”为主的理念。近年来，我国的网络工程专业教学也引进了 CDIO 理念，更加注重教学任务中学生能力和兴趣的培养，从而让学生主动地去探索，从一味地钻研书本知识到书本知识与实践相结合，加强对学生实践能力的培养。

随着社会的发展，网络在我们的生活中已经成为不可或缺的一部分，无论是生活还是学习、工作，网络都在方方面面扮演着重要的角色，社会上对网络技术专业人员的需求量也越来越大。但在当今社会针对高校网络技术人才的培养计划中，本科类院校注重学生专业知识的培养和拓展，而技术类院校虽然注重学生实践能力的培养，却在一定程度上减轻了专业知识的培养力度。要想提高专业的网络技术水平，专业知识和实践操作同样重要。专业知识决定着发展的高度，而实践技术掌握着当下的发展。为此，CDIO 理念应运而生。

一、传统网络工程专业教学存在的问题

（一）教学内容陈旧，教学方式枯燥

当今的时代是一个不断创新的时代，是一个信息爆炸的时代。网络作为信息传导的主要媒介，也在以最快的速度不断地更新换代。网络不断地更新换代，网络新技术不断涌现，相关知识点越来越多，给网络工程的专业老师带来了很大压力。但现如今许多高校中的网络工程专业教学内容还是针对普通软件的专业知识和应用，与当下网络的更新换代速度不符合，导致高校学生的知识掌握程度跟不上当今社会的发展，无法满足工作和生活的需求。现在高校网络工程专业教学大多采用的是多媒体课件教学，以老师为中心，教师讲、学生听的传统网络教学模式。但在传统的教学模式中，学生的参与度不高，渐渐失去了对课程的兴趣；学生的动手能力不高，只能一味地埋头苦学，与书本知识不停地搏斗。传统的网络教学方式已经不能满足当今社会对网络人才的需求。

（二）学生没有掌握适当的学习方法，无法掌握复杂的专业知识

网络知识的不断更新导致网络工程的专业知识越来越多，学生的学习压力越来越大。

在信息和技术不断更新换代的时代背景下，高校学生要掌握的专业知识不断增加，长期面对枯燥乏味的书本知识，难免会对专业知识产生厌倦，加上没有掌握适合自己的学习方法，为了掌握专业知识，只能抱着课本死记硬背。靠传统记忆方法掌握的知识本来就不牢靠，再加上没有及时得到实践操作，更是让本就记得不牢的知识忘得更快，时间一长，学生便失去了学习兴趣。网络快速地更新换代对于大学生来说，带来的不止有繁重的课业，还有新鲜的事物。现在的学生普遍都具有强烈的好奇心和鲜明独特的个性，他们会不断地发掘有趣的事物，对于感兴趣的信息，会有强烈的好奇心和满怀的热情，但对于不感兴趣的专业书本知识，就会一再逃避。

（三）社会环境导致学生的实践机会不多

在改革开放的潮流下，越来越多的人才走进中国市场。尤其是在互联网成为主导的大环境下，许多人开始钻研网络工程，导致近几年来大批的网络工程专业人才涌入市场。企业为了加速发展，创造更好的效益，一般都会优先聘用已经有了工作经验的人员，导致现在年轻人的实践机会越来越少。我国的高校教育理念，一般都是注重学生专业知识的培养，学校给提供的实践机会少之又少。也有一些学生想加强自己的动手能力，主动到校外寻找实践机会，但由于社会中的人才越来越多，真正能从实践中有所收获的学生并不多见，没有进行过实践的学生毕业之后走出校园，他们的能力不能满足企业发展的需求。

二、CDIO 理念下网络工程专业教学模式

（一）CDIO 工程教育模式在网络工程专业教育模式中的重要性

在过去的几十年里，我国一直都采用的是传统的教育机制，以在考试中得高分为主要目的，老师一味地将书本知识灌输到学生脑中，逐渐忽略了实践教育，导致我国学生的动手能力越来越差。在网络技术成为社会主导的这几年，个人的实际能力逐渐成为主要需求。近年来网络技术的发展越来越快，不断地有新的事物和技术出现，传统的网络工程专业教育模式已经不能满足社会对网络工程技术人员的需求，所以，社会各界都迫切希望网络工程专业教育模式能得到及时的改革，以确保社会的发展不会因网络技术原因受到影响。CDIO 工程教育模式是国外的教育专家提出的新型教育模式。CDIO 教育模式提倡在教学过程中要以“构思、设计、实现、运作”为主，鼓励学生积极主动地去学习，加大了实践在教学中的比重。CDIO 理念引入中国之后，引起了网络工程教育领域上的专家的高度重视，他们立即提出了要在高校实行以 CDIO 理念为基础的教育改革，将自己学校的实际情况、中国社会的发展情况和 CDIO 理念相结合，制定适合中国发展的网络工程教育模式。新的网络工程教育模式在高校中大受欢迎，引起了大批学生的关注。它打破了传统的教育理念，摒弃了传统网络工程教育模式的缺点，为社会输送了大批的网络工程专业人才。

（二）CDIO 理念下网络工程专业教学模式的现状

CDIO 理念是近年来外国的专家研究出来的一种新型的工程教育理念，理念中所强调的构思、设计、实现、运作的教育模式一直都是我国传统教育模式中所缺少的部分。为了加强我国网络技术的发展，使网络工程专业技术人员的水平能够满足社会发展的需求，国家相关的教育机构决定要从学生时期开始，借鉴 CDIO 教育理念，尽早加快我国的网络工程专业教学。近几年已有不少的高校引入了这种教育理念，并结合自己学生的学习情况和学校的环境，将 CDIO 理念做出调整，制定了具体的教学方法，全方面促进学生专业技术的发展。已引进 CDIO 工程教育模式的学校针对自己学校的实际情况对学校的教学方法和教学环境做出了相应的改动，将教学内容重新分类整理，制定了系统、完整的教学方案。针对不同专业水平的学生，采用了不同的教学方法。在教学方法上，摒弃了传统教学模式中“老师讲，学生听”的教学方法，课堂也不再是以老师为中心，而变成了课堂以学生为主，老师辅导学生的教学模式，并且也增加了学生之间互动的机会，开展了各种各样的技能大赛，以此来激发学生的上进心，改善学生学习专业知识的态度，促进学生更好地学习网络文化知识，以满足社会对网络专业技术人才的需求。

三、CDIO 理念下网络工程专业教学的改革

（一）教师根据教学内容重新构思教学方法

针对传统的网络工程专业教育内容繁杂，教学方式乏味的问题，教师对繁杂的专业知识进行了系统化的整理，将联系紧密的专业知识更加系统化地呈现在学生面前，避免学生无头苍蝇式的学习。在教学模式上，摒弃传统教育方式中“老师讲，学生听”的教育方法，加强学生与学生之间、学生与老师之间的联系和沟通，实行以学生为中心的教育模式。学校内部开展了各式各样的专业技能大赛，在增加学生的动手能力的同时，也加强了同学之间的沟通，使学生在实践和与其他人的互动中认识到自己的不足。同时，学校也与社会上一些发展较好的企业取得联系，双方达成共识，学校学生可以在寒暑假期间到指定公司进行实习，在增加学生实践能力的同时，也增加了学生的社会工作经验。

（二）教师引导学生找到适合自己的学习方法

学习方法对学生来说尤为重要，在网络工程教学中也是如此，尽快找到适合自己学习能力和学习情况的学习方法，无论是对专业知识的学习还是专业技能的学习，都会起到事半功倍的效果。不同学生的学习能力不同，对专业知识的掌握程度不同，对新鲜知识的接受能力也不同，要想让不同的学生都能接受专业的网络工程教育知识，就要引导他们，找到适合自己的学习方法。在 CDIO 理念中，老师最重要的职能不是教授学生新的知识，而是引导学生找到新的学习方法，激发学生的学习兴趣，让学生对专业知识保持一定的好奇心。高校引进 CDIO 理念后，老师不仅仅是在课堂上教学，而且在课下还会及时与学生沟

通，将新发现的事物和技术告诉学生，再通过引导的方式让学生掌握新的知识，理解新的科技，再进一步将学到的知识融会贯通，进而研发新科技。

（三）借助社会力量为高校学生提供充分的实践机会

随着时代的发展，互联网在人民生活工作中占的比例越来越大。为了保证社会中的网络工程专业人才能够满足市场的需求，许多企业也从高校开始，加大高校学生的培养力度，提高高校学生的动手实践能力。许多企业都为高校学生提供了寒暑假工作的机会，鼓励高校学生尽早加强实践能力，增长社会经验。也有许多公司提供给了大四毕业生实习的机会，并从实习生里选拔优秀的学生，留在企业内上班。社会各界提供给年轻人的机会越来越多，年轻人在网络工程领域的实践机会也越来越多。

随着时代的发展，网络在人民生活中所占的比重越来越大，网络工程的发展也越来越快，为了满足社会对网络工程专业技术人员的需求，就要从改变网络工程教学方法开始，从根本上加强网络工程专业人员的培养。CDIO 理念中的“构思、设计、实现、运作”同样适用于网络工程教学，要想尽快培养出适应于社会环境的网络工程专业人才，就要在教学过程中加大对动手实践能力的培养，在充分地掌握好自己专业知识的基础上，增长自己的专业技术能力，让高校学生的网络工程学习不再是纸上谈兵。

第六章　网络教学软件的理论研究

第一节　软件工程网络教学系统设计

随着网络信息技术的不断发展，以往的软件工程教学逐渐呈现跟网络信息科技相结合的趋势，各大高校开始积极设计软件工程网络教学系统，以期为提高软件工程教学水平奠定良好的现实基础。软件工程网络教学系统主要是以业务网站为基础，有效实现了网上制作教学课件、网上考评以及软件工程实践三个功能。设计软件工程网络教学系统，促进了专业教学质量的提升，为软件工程课程的创新与实践起到了巨大的推动作用。

科教兴国战略的提出，让人们的思维方式开始发生转变，传统的单一性课堂教学模式已无法满足知识时代的现实需求。随着教学改革的不断实施，当前网络教学系统正逐步得到了推广与应用。网络教学系统可以为软件工程课程教学提供大量的教学资源，有效实现了理论与实践的紧密结合，从而为学生构建了一个能够自学、自测，同时还可以自主参与软件工程实践的网络信息平台。

一、网络教学系统的需求分析

网络教学系统的设计需要充分满足软件工程课程的现实需求，根据软件工程课程教学的特点，教师需要以网络计算机为基础，在有限的教学时间内，引导学生掌握必要的专业知识。就像是网络教学系统中的软件工程专业知识以及一些课后测评辅导等，有效实现了网络教学的时效性。软件工程网络教学系统的设计，要满足教学任务的需求，能够将视频、图像、文本等多种教学资源整合在一起，进而使软件工程教学变得更加丰富多彩。对于软件工程教学来讲，对教学效果的检测是非常重要的，这就需要学生能够有效利用网络教学系统中的自测系统来检验自身的学习成果，巩固自身所学的专业知识，从而实现一个对知识理解与内化的过程。网络教学系统还设计出了合适的试题库，将教材中的知识点整合成了各种类型的软件工程试题，同时还对试题的难易程度进行了相应的划分，进而构建出了合理科学的测试系统。软件工程课程需要将理论与实践有机结合起来，学生只有通过具体的实践操作，才能加深对理论知识的理解。

二、网络教学系统的设计

（一）课件部分的设计

网络教学系统中的一个重要组成部分，便是课件。根据软件工程课程的教学大纲要求，需要有效界定相应的教学目标，将软件工程课程教学内容合理设计成相关教学课件。能够利用网络教学系统的多种资源类型，通过 B/S 模式让学生进行在线学习。网络教学系统中的课件通常是以幻灯片的形式存在，这方便了学生的下载学习。在设计网络教学系统时，在课件部分还增加了互动环节，就是师生之间的问答。学生在学习软件工程课程的过程中遇到问题时，便可以向教师或者是其他学生提问，教师与学生便能够帮助提问学生解答疑惑。教师与学生只需要将问题或者是答案填写在文本对话框中，点击提交的按钮，便能够查看网络教学系统上的问题以及对问题的解答。

（二）试题库部分的设计

网络教学系统在设计试题库部分时，将其分成了两个部分，分别是自测系统与数据库设计。在自测系统中，系统管理员用户可以登录或者是退出系统，同时有效管理试题库，选择相应的试题来对学生开展测试，也能够对测试的试题进行评阅。学生也可以登入系统进行网上测试，也可以进行成绩查询等操作。数据库系统，通常是由设计数据库表结构跟描绘系统数据流图组成。系统用户在登入网络教学系统之后，系统就会根据用户的类型来分配相应的权限。用户的类型有学生用户跟系统管理员用户两部分构成，但他们在具体操作系统的各个模块数据时，拥有不同的操作权限。根据用户的不同需要，数据库系统中有多种关系表结构，主要的有试题库选择题数据表跟学生信息数据表。

（三）实践部分的设计

软件工程网络教学系统中的一个重要环节便是实践部分的设计，软件工程课程是一门实践性比较强的学科，学生不仅需要具备丰富的专业理论知识，还需要具备熟练的软件工程操作技巧，能够在实际软件开发与操作中，具备独立分析问题与解决问题的能力。实践部分的设计，融合了多种类型的项目工程，可以锻炼学生收集信息与处理信息的能力。实践部分主要考察的是学生对软件工程课程理论知识的综合运用能力，学生只需要在网络教学系统中，依次完成相应的项目设计任务，同时将完成的项目文档进行提交，便完成了相应的实践操作。

总而言之，高校网络系统的设计需要从软件工程课程教学的实际需求出发，有效将理论与实践整合在一起。学生在具体学习软件工程课程的同时，还能实时检测自己的学习成果，从而加深了对软件工程专业的认识，有效提高了学生对软件工程的综合应用能力。

第二节　仿真软件与网络教学

介绍了仿真软件的概念，然后以 PacketTracer 软件为例，分析了仿真软件在网络通信教学中的应用，旨在提高网络通信教学质量，加深学生对网络通信的理解。

一、仿真软件的基本概念

仿真软件是专门用于仿真的计算机应用软件，与仿真硬件相同。该仿真软件起源于 20 世纪 50 年代中期，出现了基于数据库的仿真软件系统，促使仿真软件系统通过人工智能技术化。这一发展标志着仿真软件具有高度可视化，可操作性。目前，在教学中使用模拟软件也很常见。

二、PacketTracer 网络设备仿真软件介绍

PacketTracer 由思科设计，它是一种网络设备仿真软件。网络设备仿真软件的实现可以有效解决传统网络通信教学中的困难。它可以提供大量的网络仿真模型，并且可以支持各种网络协议。通过 PacketTracer，网络通信初学者可以模拟和构建模拟环境，并使输入的抽象数据能够体现在模拟器上。同时，它可以监控数据传输，帮助初学者观察实施网络的运行情况，从而帮助初学者全面了解网络通信的具体操作，提高学生网络通信水平。

三、PacketTracer 仿真软件在网络通信教学中的应用

（一）仿真数据传输

众所周知，如何确保网络通信教学中数据传输是一个重要的教学内容。使用 PacketTracer 仿真软件，我们可以模拟数据传输，帮助学生深入了解学习专业知识，并使用 PacketTracer 仿真软件来模拟数据。在传输时，它可以帮助学生理解请求和请求响应这两个重要过程。

一方面，ping 请求需要通过 ICMP，ARP，IP 协议等相关通信协议来实现。本节以 ICMP 协议为例进行讨论。通过在界面中的事件列表上可视化 ICMP 后面的颜色块，可以清楚地看到 ICMP 协议相关信息。在通信过程中，ping 进程生成 ICMP 回送请求，并在网络层协议的作用下封装数据包。同时，IP 协议将创建包含目标和源协议字段和 IP 地址的数据包，以指示接收方的 IP 协议将数据移交给 ICMP 进行处理。另外，在 IP 数据报创建开始时，IP 协议判断目的 IP。

（二）配置 IP 地址

假设主机 1 分配的 IP 地址为 172.16.1.2，主机 2 分配的 IP 地址为 172.16.2.2，子网掩码为 255.255.255.0。另外，主机 1 的网络是 172.16.1.1/24，主机 2 的网关是 172.16.2.1/24。如何使用 PacketTracer 仿真软件？一种方法可以通过输入相关命令来实现，另一种方法可以通过网络拓扑图来实现。

使用输入命令方法时，需要实现 CLI，依次输入路由器的权限和用户模式，将路由器的名称设置为 RO，使用命令到达其以太网端口 0，并配置端口 0 的 IP 地址。使用的命令是：RO（config-if）#ip address 172.16.1.1 255.255.255.0，端口 1 的配置以相同的方式完成。

通过拓扑配置 IP 地址时，配置标签 ?? 主要通过路由器的接口设置。在路由器可视化界面上找到以太网接口，设置端口的 IP 地址，只需单击输入，然后在子网掩码字段中输入 255.255.255.0。如果要打开端口，请将 PortStatus 设置为 on。

四、仿真设备在网络通信教学中应用的优势

（一）整合实验项目

通过仿真软件的应用，可以集成多个实验项目，使实际项目更具体，更直观。在网络通信的研究中，有许多网络通信的理论知识，需要相应的实际操作来理解和确认理论。因此，在网络通信学习中，理论学习和实际操作相结合。在实际的实践教学中，教学时间是固定的。

（二）满足学生实验要求

网络通信实验操作需要相应的设备。在传统的教学环境中，可能存在实验设备不足或实验设备因资金不足而损坏的情况，无法有效满足学生的实验需求。这可以通过应用网络仿真软件来解决。

（三）更加快捷的搭建网络实践环境

网络通信教学的发展需要构建合适的在线环境。在传统的教育条件下，在使用之前必须使用教师的操作来清除网络设备的配置，然后才能被学生使用，而网络仿真软件可以通过软件预先构建网络教学环境，然后学生直接导入网络仿真软件的文件，可以更方便快捷地构建所需的实验环境，从而便于教学。

（四）延伸教学内容

在传统的教学模式下，网络技术课程的教学效果较差。模拟软件在教学中的应用促进了教育与学习之间的互动。课堂外，教师和学生将有更多的机会交流和讨论教学内容，这不仅提高了学生的学习兴趣和学习成果感，而且丰富了知识储备，补偿了课外活动单一课

堂教学形式的缺陷。

仿真软件在网络通信教学中的应用，可以大大提高高校网络通信的教学水平，扩展教学内容，加强师生关系。更快地建立网络实践环境，节省时间，为教师教学提供便利，这对培养学生的实践能力具有重要意义。

第三节 社会性软件与网络教学平台整合

网络教学平台为师生的教学及自主学习带来了极为有利的正向影响，它不但促进了师生之间的交流协作，也满足了学生在教育平台功能体验方面的各种需求。旨在进一步从平台环境建设启示、网络教学平台设计以及二者之间的整合策略等方面来研究社会性软件与网络教学平台在资源与功能上的有效整合，将教育平台功能体验进一步优化，最终实现对师生运用平台时教育学习效率的提升。

一、基于社会性建构主义对网络教学平台开展的启示分析

现如今的网络教学平台讲究高效信息化流程，并以社会认知思想建构主义理论作为指导，它也是网络教学的关键载体。可以说，二者之间是实践与理论的相互支撑，而围绕社会建构主义所创造的社会性软件对网络教学平台的设计与发展是存在启示作用的。

（一）社会性软件对知识的意义建构

在当代网络教学平台中主张将学习者的个人主观知识转化为他人可接受的客观知识，这就需要人与人之间的社会性人际交流过程。所以基于社会性软件的社会文化情境与学习者之间就呈现了较为微妙的关系，这种关系有利于学习者在社会文化情境中有效获取知识，而且学习者对知识的获取也相对主观，但在学习者个体相互协作解决问题时所表现出的知识体系则是较为客观的。

（二）社会性软件的活动观

在网络环境下所形成的学习形式也是多种多样的，它主要包括了在学习活动中师生之间的交互活动、以群体或团组合作完成的团队学习活动、另外还有学习者的自主学习活动。在这些网络学习活动中，其任务设计也有了细分规划，例如典型的网络学习活动设计和协作学习活动等等，还有研究性学习活动、问题探究学习活动和自主学习活动，这些活动都是基于网络所展开的饶有特色的教学课程。具体来说，诸如微信、QQ、BBS 等交互协作工具都可以为学习者的自由学习活动及集体协作搭设交流活动平台，并在具体实施阶段通过教师的有效巧妙设置来实现网络教学平台活动场景的建立。学习者也可以通过平台所提供的数据库获得各种学习资料，利用 BBS 论坛来展示学习成果，形成具有社会建构理论

的网络化教学体系。上述一系列的活动结果也表明，学生能够通过网络教学活动来实现对自身知识内化的全部过程，而并不仅仅是通过教师的课程讲授来实现。

（三）基于社会性软件建构主义网络教学平台对学习环境的影响

从社会建构主义理论来看，学习者基于自身认知发展过程来对周围环境进行适应，这说明二者之间存在紧密联系。也就是说，学习环境可以影响学习个体的认知结构，并对其构建产生重要影响。在网络学习环境的设计与创建过程中，应该基于以下几点进行分析。

对丰富学习资源的提供。网络学习资源种类丰富且多样化，例如图文、视频、音频等信息可以帮助学习者在利用网络学习的同时达到自己想达到的学习目的。

网络教学平台的创设能够尽可能的帮助学习者身临其境，实现对学习环境的真实性考量。

利用多种认知工具来支持网络学习环境的创建与设计，并实现多种认知操作功能。因为网络学习环境的建设与其它不同，它是一个随时变化的动态体系，其变化的原因也由于学习者知识经验和认知能力差异而导致的。在这种情况下，将学习环境设计为一个动态的、能够支持互动的体系是相当重要的，它对全面支持学习者的学习是非常有帮助的。

根据上述几点来看，以社会建构主义理论为主的社会性软件设计客观性强，而且可以有效地引申到网络教学学习环境中，以理论影响网络教学平台发展。因此，上述三点是可以为社会性软件及网络教学平台的整合策略研究起到至关重要的指导作用的。

二、基于社会性软件的网络教学平台设计

社会型软件具有相当强的交流互动特性，它能够解决传统教学中所存在的交互缺失问题。围绕社会性软件所构建的网络交互教学平台也希望促进师生、生生间的有效交流互动，进而形成知识信息传递与反馈机制，为学生学习成长创建良好的学习环境。

（一）网络教学平台的设计理念

基于社会性建构理论的网络教学平台在设计理念上主要拥有 3 点特色。

（1）非常强调师生的参与体验效果。社会性软件强调人为参与性与体验性是非常正常的，这也是它的基本功能之一。基于社会性软件来激发教学平台自身的教学创造能力，可以决定网络教学的基本质量。在网络教学平台上，允许师生自由发挥，将信息归纳整合后发布出来，形成信息共享机制。在已有网络教学平台的高等院校中，来自于学生上传的共享资源一般都超过 80%，它们都是学生在学习过程中十分感兴趣的课题。可见，这些原创的网络学习资源蕴含了大量学习者的思维逻辑过程，信息价值极高，社会理论性也不言而喻。

（2）注重用户的个性化需求。在教学网络平台上提供各种各样的多媒体教学资源，并提供其它友情链接，是对与学习相关的教育内容的全面有机整合。在这里，软件使用者

既是学习者，也同时是资源的缔造者。为了让每个学习者所提供的资源得到足够保护与重视，平台还为用户的共享资料建设了个人网页空间，让使用者能够随时看到自己所发布过的相关学习内容。另外它也为学生提供感兴趣的资源网页链接，实现对个人网页空间中资源的大面积共享与串联，整体来说，网络教学平台是完全开放的教育平台。

（3）非常强调实时与非实时交互过程。社会性软件的优势就在于人际交流沟通。从教学平台建设的发展时间轴来看，基本可以分为实时交互与非实时交互两种类型。实时交互所体现的是对瞬间信息的理解与表达，反观非实时交互则更多体现在适当思维组织体系下所实现的即兴灵感作用，它比实时交互更加理性。而两种交互状态的结合恰好是对理性与非理性两种思维产物的结合，它们有效地提高了学习者的学习效率，体现了社会性软件所构建的网络教学平台的魅力所在。

（二）网络教学平台的功能设计

1. 功能分类的基本依据

在我国关于网络教学平台设计的《网上教学环境评定指标体系研究》中就指出，网络教学平台在环境评价指标体系上存在 8 个维度和 85 个指标。在这 8 个维度中就包括了课程的网络设计、教学设计、课程内容、学习灵活性、师生 - 生生互动、网上学习支持、网络技术支持以及网络教学评价。从这 8 个维度也可以看出，在网络教学平台中师生之间是呈现交流协作维度关系的，它们都是现代信息化教学的一级指标，由它们所衍生出的 85 个子功能指标又被称为二级指标。

2. 教学平台的网站设计

在教学平台网站设计方面参考了美国国防部 ADL（Advanced Distributed Learning）组织所拟定的基本标准，即基于 SCORM（Sharable Content Object Reference Model）共享内容的对象参考模型。该套参考模型在对数字内容教材的开发设计及内容制作方面非常擅长，它所提供的统一标准中的最大优势就是能够避免对资源的重复建设，进而大幅度缩减成本，这对学校教育的教学资源合理有效分配及运用方面相当有帮助。

可以说，按照此标准所设计的教学平台网站在学习的灵活性方面很强，它可以按照学生学习的进度、喜欢的学习方式以及感兴趣的学习内容来调整教学进程，充分突出网络教学环境下所衬托的学习者的自我个性，给予学生一定的独立学习空间，例如微博、个人资源空间等等，这些空间都能将学习者个体的自我学习内容以显性形式展现出来，并形成有效的资源共享及交流机制，帮助学习者彼此之间相互促进提高。

而网站的网上教学评估设计也相当出色，它主要针对学习者在网络环境中的学习效果进行评估设计，并改变了传统教学评价中过于单一的单向评价模式，而采用了更加全面的互评方式，例如师生互评和生生互评，甚至也加入了来自于家长的第三方评价模式。这极大带动了各个层面对于学习者学习的关注度和评价客观性。而且评价的内容也不仅仅局限于对知识点的理解与掌握这样的结果性单一评价，而是对学习者的学习过程也进行了实时的跟踪评价，进一步提高了网上教学平台开展的客观性与公正性。

三、社会性软件与网络教学平台的整合策略研究

社会性软件与网络教学平台的整合策略随着信息网络的快速发展已经趋向于多元进化，这增加了网络教学平台对教育资源的高效利用率。本节就二者的整合给出了以下两种整合策略。

（一）网络教学平台的交互功能整合策略

交互策略也是网络教学平台建设的初衷之一，因为网络信息化多媒体教学所讲求的就是媒体交互、内容交互和主体交互，这三者整合起来才能构成完整的一套网络教学活动。整体而言，这套策略可以满足师生在任何教学环境下的任何需求，帮助学习者在学习环境中做出不同选择，实现有效率的交互沟通。

1. 实时交互

实时交互强调师生在指定时间与平台上提前就预设好的教学流程展开研讨和信息互换，形成反馈机制。这种模式主要依赖于课程的现实需求，具有强烈的学习指导性与针对性。通过预设好的讨论课题，学习者可以自觉参与到个体或团队的交流过程中，通过社会性软件来实现构建实时交互情境。学习者可以通过计算机软件程序向教师提出希望辅助的学习内容相关问题，得到来自教师及其他学习者的有效反馈。实时交互的关键就在于对时间的把控，所以它在运用效率上可能会不如非实时性交互功能，因此在许多高等院校中对实时交互教学模式的设计定位都是辅助性教育措施，助力网络教学平台中教学内容的有效开展。

具体来讲，网络教学平台中应该整合的实时交互内容就包括了 QQ、微博、微信以及 BBS 论坛这些社会性软件功能，对学习者而言这些软件的操作已经驾轻就熟，所以把它们融入网络教学平台中也更有亲切感，让教学进程实施更易上手。本节认为，基于实时交互的网络教学平台一定要首先突出对交流群的建立，并采用邀请组建功能，简化软件的操作难度，能够达到师生、生生之间的交流目的即可。另外，在实时交互过程中，教师应该发挥其主要的引导性作用。一方面教师应该围绕预先设定好的教学主题展开引导，帮助学生走向内容学习的正轨，做到循序渐进，因势利导。另一方面也要把控局势，辅导者一定要将教学中的主题讨论范围控制好，必要时可以适当的延展主题讨论内容，控制好教学节奏。

2. 非实时交互

如果学习者在学习过程中遇到任何问题，可以通过网络教学平台中的通讯功能向教师提问，教师会在看到后进行回复。这一设定很像现在的电子邮件和 BBS 论坛模式，所以该模式在促进学习者自主学习甚至自我寻求问题答案等方面都有较好的促进作用。如果学习者足够主动，非实时交互就可以暴露出他们在学习中所遇到的疑难或自身的薄弱之处，

而教师的回答则更加具有针对性。非实时交互应该与实时交互相辅相成，两种模式都应该能够促进学习者的学习进程，因此本节提出了非实时交互模式相关整合理念。

（1）非实时交互因为没有过于严格的时间交互需求，所以它的运用应该基于多渠道模式。最基本的方式就是在学校的BBS论坛上设立板块，由教师或学习者自行进行管理，负责日常的学习生活讨论，形成信息反馈机制。

（2）非实时交互建立在学习者的学习过程当中，它希望学习者能够主动寻求支持，并在教师的及时反馈以及与其他学习者的互动交流行为中促进学习效率。在这一过程中，教师不但要给出相关的学习内容辅导，也要鼓励学习者应该学会独立思考并敢于提出质疑。这样就能确保以师生为核心的网络BBS教学论坛平台能够实现高效率教学性，同时提升学习者自主学习、敢于探索知识的主观能动性与积极性。

（二）网络教学平台的协作功能整合策略

基于社会性软件的网络写作学习也称为WebCL，它是建立在网络、超链接技术与超媒体基础之上，以组内教学形式为主的综合性交流互动学习模式，目的就是为了共同达成学习目标，并附带一定的激励机制，使小组学习效果最大化，体现合作互助的整体教学策略。

举例来说，利用Wiki这种社会性开源软件就能实现协作功能学习策略。具体做法是将它的源代码下载并整合到指定的网络教学平台中，并单独设立功能模块为师生共同使用。考虑到Wiki是典型的超文本协作系统，所以师生可以对Wiki页面进行自定义编辑，也能拥有Wiki的个人空间，并建立好友组群以提高师生教学的互动性。再者，利用Wiki所本身附带的资源建设能力，也可以以Wiki作为基础平台丰富学习资源的有效性，通过问卷的形式调查哪一种教学模式和资源建设模式能够让他们在学习过程中更加轻松，即采用民主调查的方式来解决教学过程中所存在的问题。最后，考虑到Wiki读写并重且强大的协作性能，还可以基于它采取小组协作模式，通过教师来引导学习者展开协作学习，在评价其他学习者的基础之上，加入网络内容修改功能，让协作学习中的读写过程更加深入，进而强化师生之间在网络教学平台中的交流氛围。

总之，社会性软件与网络教学平台的整合策略都是抛砖引玉之举，它不能解决现有学校在网络教学平台中所面临的全部问题，但是基于社会建构主义环境理论，并合理利用社会性软件，就能够实现对平台系统的严谨开发，并完善整合策略。为师生呈现一个功能更加全面、操作性更好的网络教学平台。

本节所研究的社会性软件与网络教学平台的整合策略弥补了传统教学中知识传授者与学习者之间的内容及情感交流匮乏问题，并同时激发了师生教学过程的主观能动性和积极性，促进了学习者的发散性思维。从交流角度来看，社会性软件所带来的全面功能是具有革命性的。从知识体系建构的角度来看，它的整合能力也从一定程度上体现出了知识的客体性，让知识在交互环境中的支配运用更加灵活。

第四节 网络环境下数学课程软件项目化教学设计

基于增益性提升学生学习数学课程的成效之目的，本节研究了网络条件下数学课程项目化教学的软件协作和融合过程，分析了网络条件下融合不同数学软件工具的实现过程，讨论了数学课程的项目化教学设计和测量结构，设计了数学教学单元的软件部署形式、学习要素和软件实现的普适性方法。

网络时代教育技术的飞速发展，计算机辅助数学教学方式发生了急剧变化，一改传统数学课程“粉笔 + 黑板”式的单一教学模式，较稳定地形成以 PPT 幻灯片展示和数学教学网站（包含大规模开放在线课程，MOOC）为手段辅助教学的形式，可分别喻之为 1.0 版和 2.0 版时代。这些手段加大了单元时间内的教学密度，学生可静态重现教学内容以便课后再复习，有较多文献研究过同类问题，其不足之处是数学教学因为受限于非实时性而缺乏探究性实现过程，师生或学生之间远程协作存在困难。后期改进是数学实验的形式，即将诸如 MATLAB、MATH-MATICA 和 MINITAB 等数学软件引入课堂，通过数学软件将抽象思维和形象思维有效结合起来，重点突出数学的应用性，提高了不同层次学生学习数学的兴趣，可形象地喻之为 2.0+ 版时代，缺憾之处是未能有效地基于网络形成互动式学习系统，课上教学与课下实验仍然处于分割状态。无论是 1.0、2.0 抑或 2.0+ 版时代，师生双方都面临学时少、门数多、内容杂、短平快的现状以及功利化就业导向的影响。此外，教学过程中面对面的交流较为有限，因材施教条件发生很大变化，如何优化个人学习数学尚未有突破性进展。

从教育技术条件看，网络日益普及和软件技术应用重心加速下沉，使教学的实施及学习评价等环节更多趋向基于网络来完成，这为数学课程项目化提供了一种实现可能。由于以往项目化教学多定义在计算机学科范畴，而数学限于抽象形式，至今缺乏与软件融合的项目化教学设计先例，即使是在 2.0+ 版时代，诸如 MATLAB、MATHMATICA 和 MINITAB 等国外数学软件进入教学领域，也仅是定量附加了验证式数学实验，仍与数学内容相对独立，缺乏软件与数学内容的串并和交叉。

尽管本义上的项目化教学多以软件课程指代，并以单机或局域网等教育技术条件居多，但普适性软件课程并非拘泥于计算机学科本身，数学学科仍可成为应用对象，只是师生在数学上远程协作存在困难，如网络实时环境下的信号仿真、公式解析显示、公式在线编辑、在线手绘 3D 作图、复杂数学计算等不易实现。如果能克服相应的技术障碍，就有条件将“精讲多练、项目拉动”的教学策略具体化，把数学知识内容分散于软件单元模块中，通过软件教学资源牵引学生协作学习数学活动，进而增益性提升学生的学习兴趣，增强学习成效。本节将数学课程借助数学软件实现项目化教学的模式形象地比喻为 3.0 版时代。

一、数学课程软件项目化的内涵与特征

从教育技术的源流看，如果抛开数学研究对象，那么软件项目化教学可追溯到国外已泛化的项目化教学模式，后者归于行为导向的教学方法，其前身源于案例式教学和模块化教学。从历史上看，案例式和模块化教学曾一度成为项目化教学的核心，是一种师生双方直接参与对案例或疑难问题进行讨论的教学方法，具有促进学生从理论到实践迁移的作用。在国外，最早是由美国哈佛工商学院的卡普兰（D.Cope-land）博士于 1910 年提出，并被应用到工商管理教学中。案例教学法的前提在于案例的真实性。卡普兰引用的案例源于实际的工商管理情景，教学实施表现为学生自行阅读、研究和小组讨论，再经教师引导而进行全班范围的讨论。它显著区别于传统教学方法：教学内容有独特的来源、性质和内容编排体系，教学方法不仅单独指向教师，还要求师生双方都应有较大的行为变化。由于案例教学是针对实际案例展开的学习与讨论，着眼点在于提高学生的创造力和实际解决问题的能力，而不仅仅是获得一些固定的原理和规则，其结果是促使学生在经验和活动中获得知识，提高表达和设计多种解决方案的能力。在网络尚未普及的时代，案例教学法就已普及开来，衍生了包括模块化或项目化在内的许多相关理论研究成果。美国学者乔依斯（B.Joyce）和许瓦斯（B.Showers）于 1982 年在等组实验中发现，经历案例式或项目化的师生互动指导，有近 75% 的学生能在课堂上直接有效地应用到所学的内容，而采用传统的教学方式，只有 15% 悟性较高的学生能有同样的表现，大部分学生无法直接消化教学内容，需要课后再复习。在二人所完成的等组实验中，教学设计中的负荷主要来源于案例或项目的拉动，而负荷的效率达到了 60%。30 多年来，以项目来拉动教学的策略流行于国外且已呈现组件化，并在 IT 行业的软件类培训上获得推广，但在数学学科领域，尚未有基于网络和软件实现项目化教学的普适性应用。

数学课程软件项目化教学模式是师生在网络环境下围绕数学知识点和软件技能需求，综合运用不同软件共同实施一个相对完整的项目工作而进行的教学活动，是在同一个教学时序上充分结合抽象思维与形象思维的行为导向性数学教学方法。它具有不同于传统数学教学模式的显著特征：一是数学教学无论是课上还是课下，均基于网络实施；二是数学教学过程以探究和互动为主，具有极高的实时性和交互性；三是将数学软件和数学内容进行教学协同，不单独以数学教材内容为中心；四是以可选模块的组件方式，按数学逻辑部署数学软件，数学内容需分解为适宜相对独立操作的项目化教学单元和教学元素；五是整个数学教学过程具有相对明确的时间单元，有相对完整的数学教学小项目作品，并以此作为教学测量与评价的依据。

从本质上看，称数学课程软件项目化教学为 3.0 版时代，不外乎案例式或项目化教学的网络版。其中的数学软件也并非是要求学生额外学习的知识，而是强调数学和软件的教学协同和应用，以此作为教学负荷来提升学生学习数学的兴趣和体现数学的应用价值，使

之在学生解析不同难度系数的数学问题时，能通过数学小项目来反映和记录学生个人注意力和工作负荷的数据信息。教师依据数据来分析学生对不同受挫级别的反应，并按项目幅度调整不同的教学负荷，希望能够在学生学习过程中的重要时刻给予干涉。以教育技术手段帮助学生，最终的目的是优化个人学习数学的能力，提升个人学习数学的效果。

二、数学课程软件项目化教学设计过程

（一）项目化教学的基本原则

数学课程软件项目化教学设计的重点是确定项目化教学要素、匹配教学资源和协作学习活动，方法虽不固定，但其基本原则是兼顾数学教学和数学软件的本质特点，按照“任务驱动”和“做中学”的技术路线，按倒推法将“岗位 - 能力 - 课程”微观化，以需求（而非以教材）为中心来确定项目单元，以“教为主导、学为主体、疑为主轴、动为主线”重组数学内容，明确指出项目化教学的内容、起止时间和完成的作品等因素。而项目化教学的实施过程也就是在网络平台环境下将“精讲多练、项目拉动”的教学策略具体化，遵循严谨的软件技术逻辑，将不同的数学知识体系按不同的教学阶段分解为项目化单元模块，确定教学内容的形式、单元学时、单元长度、教学密度、设备资源条件等项目要素，以及数学知识传递、解决和软件实现的方法。限于篇幅，本节仅就软件部署、项目化单元模块分解和教学测量等部分展开讨论。

（二）数学软件部署的组件形式

数学课程的项目化教学需要必要的数学软件支撑，仅靠传统的只提供教学资源的网站及教师课堂上的 PPT 幻灯片播放是远远不够的，无法通过软件加入负荷吸引学生与教师互动，因为静态的 PPT 只是说明，即使是附以动态的多幅 FLASH，也只是最大程度的仿真，学生仍然不能动手实时参与和验证，只能寄托于抽象思维，而师生的实时互动恰恰是项目化教学要达成的目标之一。一旦基于网络通过数学软件形成实时互动，师生双方已知者和未知者的自然身份将变得模糊，呈现出探究性的数学教学形态。美国亚利桑那大学计算机系的费德里科 · 希瑞特博士（Fed-erico.Cirett）和信息学院的卡罗尔 · 比尔教授（Car-ole. Beal）于 2012 年开展的基于网络辅助学习代数的研究，通过软件算法创建分类以替代概率统计，通过硬件传感器记录学生的学习负荷数据，结果证明了基于网络的软件介入和干涉，互动式学习是有效的。

鉴于此，当研究的对象普适性过渡到一类数学课程问题时，如何部署数学软件以达成教学协作，就成为数学课程实施项目化教学的前置条件。受专业软件的限制，并非每种数学软件都可以在时间单元限制内移植到课堂之上，但可以项目化教学组件的形式引入软件，它的负荷是可以测量的，可以按数学教学所需引入软件模块而不限制具体的语言，即数学软件的部署可基于原有 1.0、2.0、2.0+ 的积累加以展开与改进。

在 1.0 版时代，软件是单门课程非实时为主的常规化教学网站形态，以提供教学资源（如 PPT 幻灯片、DOC 文档、PDF 文档、考试样卷、可回放或点播的教学视频文件等）为主体特征。其主要问题是网站同质、静态、非实时，在学生的学习过程中师生难于实时交互。但已有数学教学资源仍可按 3.0 版时代实时互动的教学要求提取和利用。

在 2.0 版时代，软件是基于云平台实现教学协作的，被称为“云计算辅助教学”（CCAI）。这类云平台包括微软公司的 Windows Live、IBM 公司的 Blue Cloud、阿里巴巴公司的阿里云、北京圣博公司的圣博云、北京百会公司的百会云、上海释锐公司的 EEOA、上海云未公司的教育云以及 Google 公司的 Google API 协作平台等。其中以 Google API 在线应用程序最为著名，它远程运行于 Google 公司数量庞大的服务器上，包含了搜索引擎、套件、功能模块（如日历、文档、演示文稿、邮件、聊天、组群、笔记本、地球、地图、博客、相册、网上论坛等），支持高度有效的整合，用户免维护且可方便列入项目化教学的元素。遗憾的是，Google 公司的相关业务已经退出了中国大陆市场，现在原已建成的教学示范资源基本已弃用，而在其他云平台上所建的 CCAI 软件资源仍然可为 3.0 版时代所用。

前述两个类别的软件工具是以普适性为基准的，重于学习内容的展示以及预习和复习，对数学课程的项目化要素分解以及实时优化个人学习有较多的局限。在从 2.0+ 迁移至 3.0 的过程中，数学软件的协作有了更多的组件形态，包含了更加直观的数学可选模块，可直接从 MATLAB、MATHMATICA 和 MINITAB 等国外专业化数学软件中抽取，均能辅助师生在课堂上实现信号仿真、数学建模、公式解析显示、2D 或 3D 作图、复杂数学计算等任务，师生可直接使用而不必另外开课。

近年来，国内出现的组件式数学软件（如数学即时通讯软件 MathQ、公式编辑计算软件 MathPlay、图形编辑计算软件 GraphPlay、计算文档软件 Scien-cePlay、搜索公式浏览器 ScienceIE 等）也已突破了数学实时交互的难题。类似 QQ 软件般的平民风格，几乎革命性地为互动式数学而生。融合上述数学软件并形成组件形式，教师可根据不同数学教学内容进行抽取，并基于网络进行项目化协作。

（三）项目化单元模块分解

项目化单元模块分解过程仍按数学课程知识体系的课前预习、课上教学和课后复习三个不同的教学阶段进行，但实施过程不同于 1.0、2.0 和 2.0+ 版时代，具有“教师讲、学生讲、置疑设问、软件使用、结果讨论、中立（含静止）、再置疑（待课后）”的混合特征，学生的互动与反馈将分布在“回应、中立、自发、静止”四个可量化的指标上。

项目化教学强调基于网络的实时互动是以加大教学密度为代价的，学生学习兴趣的激发和学习水平的优化是受项目教学负荷牵引的，幅度大小取决于教学内容和软件模块的适配。整个项目化教学设计需以组件方式按需选取数学软件模块，以分解教学单元，匹配相应的教学资源。如果从组件中选取的软件模块过多，容易分散数学教学本身；反之，学生可能无法理解抽象的数学内容，会影响不同层次学生的互动，导致教学时间陷于停顿而归于“静止”，最终向传统教学方式退化而失去项目化教学应有的意义。

一般分解一个项目化单元模块以2个学时为宜，项目化初期选取的数学软件模块控制在2～3个，中后期可选模块在6个以内。首尾两端的课前预习和课后复习，一般可不列入项目化课堂，而是列入由教师引导的课后自主学习过程，并安排学生采用MathQ软件实时共享数学教学资源。MathQ体现的项目化教学要素主要是数学知识交互功能，如师生基于网络一对一或多对多的课下辅导答疑、师生视音频即时通信、在线教学与测试评价，以及数学试题库和数学电子书的网络共享，特别是含交互式手写板书、公式编辑、图形编辑的计算协同和学习协同功能等，既保证学生将未完成的小项目从课上迁移至课下，又使教师指定学生帮带及依据学习水平对学生进行弹性分层，为项目化教学争取宝贵时间。

分解项目化单元模块以位于中端的课上教学为主，一般可在网络条件下融合数学软件展开知识点，占时大约90%。以线性空间几何变换2学时教学分解为例，其中数学理论与实践应用混合于“教师讲、学生讲、置疑设问、软件使用、结果讨论、中立（含静止）、再置疑（待课后）”等教学阶段，数学软件可选为“MATLAB+MathQ+Science IE+Science Play+GraphPlay+MathPlay”，并将几何映射变换部分教学内容分为同构映射、周期变换、几何不变性、最小迭代周期、同构映射解题和几何变换的加密应用6个部分，每部分的实践对应选取MATLAB软件的不同模块，再在学时单元范围内进行分割以选择同构映射题目，如选取Torus变换和Arnold变换等。

实践证明学生利用数学软件协作完成小项目作品并不困难。由前面部署的6种软件产生的小程序代码量少且重复率高，几乎是所用即所得的傻瓜式软件，学生至多经历2～3轮教学即可如同QQ软件一样快速掌握。一般而言，师生之间可基于网络利用Graph-Play软件共享和互操作教学内容，将抽象的数学公式与形象的图形充分结合起来，可视化在线编辑公式结构及直接在图形中标注公式，可按项目化教学进展局部生成2D函数和3D函数图形（含柱面与柱体），且可根据依统计作图对数表散点进行曲线拟合、样条曲线拟合等，师生互动的载体特征十分有效。

在项目化教学各阶段的模块分解中，师生还可以组件方式选用MathPlay软件，可基于网络实时进行数值计算、分数运算、矩阵运算、矩阵变换和自定义函数运算，既可计算数学表达式整体，也可计算选中部分的数学表达式，又可匹配或直接定义所编辑公式和文字的大小、焦点、字号和颜色等。通过项目化教学模块分解所选数学软件的诸多特性，实时调动学生的注意力并保持师生互动的兴趣。

三、项目化教学设计有效性测量与评价

由于数学课程项目化教学过程涉及了较多的数学软件介入，因而对其有效性的动态评价较之传统评价方法要复杂得多。笔者的项目化教学实践采用了弗兰德斯互动分析法实现了有效性测量。该分析法是由美国学者弗兰德斯（Ned.Flanders）于1960年提出的，其教

学测量采用的是设定描述课堂行为的量表和显示数据分析的迁移矩阵，通过分析师生的互动过程而对教学案例或项目对课堂教学质量的影响进行有效性评价。这种以分类代替传统概率的方法仍作为互动式教学经典的测量手段，并可围绕项目化教学元素进行设计。

按照弗兰德斯互动分析法的统计过程，可先建立描述师生课堂行为的量表，按 3" ~ 5" 的秒级间隔对时间进行抽样，针对 2 学时单元的数学内容记录项目化教学过程中发生的多达 1600 余个事件。在教学数据统计的基础上，分析迁移矩阵中的数据。根据笔者多年来的数学课程项目化教学实践，本节所设量表的一级指标选取了“教师讲”“学生讲”和“静止”3 项，其中教师的讲授过程有“回应”“中立”和“自发”3 项二级指标；学生的学习反馈讲授过程有“回应”和“自发”二级指标，而“静止”仅有“中立”1 项二级指标，代表学生不理解数学问题或软件使用所致师生双方无法互动而暂时停顿的过程。

网络时代的数学教学变化甚少，教学过程缺乏互动探究，加之功利化的就业导向，导致学生厌学，并质疑数学的应用价值。这不得不令人思索传统数学教学如何由“改”向“改好”转变。如果只谈“够用为度、应用为主”的数学教学原则，而少讲如何互动探究的实际操作，那么仅仅是在立意上对教学量的取舍，对数学教学改良增效的作用是十分有限的。更明确地讲，如果说网络为数学与软件的融合进而实现数学教学效果的改良增效提供了有限可能，其中的数学课程软件项目化，不失为一种可选的具体路径。

第七章　网络教学软件的开发

第一节　网络教学视角软件开发的人才培养

随着教学理念和教育方式的革新，人才培养机制必然会随之改革，尤其是对于计算机人才的培养而言，更加需要结合时代发展的需求，做出相应的调整与创新。因此，本节将对基于网络教学视角软件开发的人才培养机制进行研究，并对目前网络教学背景下的计算机软件人才培养的问题展开分析，促进计算机人才的创新化培养。

软件人才的培养离不开对其计算机技能的培养，尤其是在互联网科技快速发展的时代，学校加强对软件专业学生的技能培养，可以有效地提高该技能人才的社会竞争力，促进其职业生涯规划的科学化发展。在这样的发展需求之下，学校顺应时代潮流开展网络教学，来促进软件人才的培养，就必须要改革网络教学的视角下的人才培养机制，实现教学模式的创新。因此，在接下来的文章中将对网络教学视角软件开发的人才培养过程中存在的问题和解决策略展开详细分析，促进软件人才的科学培养。

一、进行网络教学视角软件开发的人才培养机制研究的重要性

在网络教学模式逐步普及的背景下，学校也需要顺应时代发展的需求，做出教学模式以及人才培养机制的改革与创新，因此本节对网络教学视角软件开发的人才培养机制研究，对于学校人才培养机制的改革与发展而言具有重要的促进意义；除此之外，网络教学在学校的推行过程中还存在一些问题，这些问题的存在将会严重影响软件开发人才的培养，所以本节对网络教学视角软件开发的人才培养机制研究，就可以对这些问题进行分析，并提出合理化的发展建议，促进网络教学背景下的软件人才的科学培养。

二、网络教学视角软件开发的人才培养过程中存在的问题

学校的办学思想落后于市场的发展。学校的办学理念关系着学校的教学质量和教学模式，如果学校的办学思想严重落后于时代发展的潮流，该学校的办学质量也不会有所提升，更不利于高素质人才的培养。根据目前的部分学校的办学情况来看，这些学校的计算机软件教学还是停留在传统教师讲授的模式，根本就没有进行任何的创新改革。尤其是在网络

教学部分，部分学校并没有开展网络教学的意识和理念，导致人才的培养与市场的需求严重脱节。面对网络教学日益发展的现状，学校软件开发课程如果不进行办学理念的革新，只会限制新型教学模式的发展与传播，并且严重阻碍软件开发人才的培养与发展。

教师队伍缺乏网络教学的实践素质。教师是网络教学视角下的软件开发人才的培养过程的关键，而且教师的实践教学素质的高低关系着软件人才培养的最终效果。由于网络教学发展与传播速度之快，使得学校在教师队伍的建设以及培养方面存在着严重的滞后性，具体表现在教师缺乏相应的网络教学经验，并且缺乏对网络教学课程体系的认知。要知道无论教学模式如何改革，教师始终是开展教学活动的重要组成部分，甚至是关键性的执行人物。由此可见，教师队伍缺乏网络教学的实践素质，对学校网络教学视角下软件开发人才的培养造成了严重的影响，这将严重阻碍软件人才的培养素质和培养效率。对于学校的人才培养机制的改革与发展而言，必须要解决教师队伍缺乏网络教学的实践素质的问题现状。

软件课程教学的相关教材编写不科学。软件开发课程的教材在编写的过程中，存在着与社会发展实际不符合的内容，而且缺乏先进的软件开发理念。由此可见，软件课程教学的相关教材编写不科学，并且存在与软件市场发展需求相脱节的问题。之所以会出现学校软件课程在教材编写方面的问题，主要是由于学校的人才培养目标与社会的人才需求不一致而造成的，也就是学校在人才培养方面缺乏与用人企业的沟通，从而忽视了企业对人才的基本需求。学校在进行教材编写的时候，一般会从教育教学的角度进行内容的设置；相反，企业更加看重学校对人才的实际能力的培养，这样二者的需求目标就是不一致的。人才培养主体的目标需求不一致，这样在进行教材编写的时候就会出现与实际人才培养不符合的课程教材。

网络教学背景下的人才培养方法不科学。网络教学视角下的软件开发人才的培养，需要结合网络教学的学习方法，加强学生的教学锻炼，促进学生基本的学习素质的提高。但是部分学校在培养软件人才的时候，依然采用传统的以讲授为主的教学方法。传统的教学方法已经不适合网络教学的新模式，而且也不利于提高学生的学习动力，只会使学生的学习兴趣逐步降低，影响软件人才的培养效率。在网络教学的视角下，学校软件课程的教学方法也要随之改革，毕竟传统的教学方法与互联网教学之间存在着较大差异，过多地采用传统的教学方法，进行软件人才的培养，只会让学生失去创造力和创新能力，不利于人才的社会化。面对部分学校网络教学背景下的人才培养方法不科学的问题现状，需要学校和教师共同努力，促进教学方法的革新与进步。

三、网络教学视角软件开发的人才培养机制的发展策略

创新学校办学思想，逐步与市场发展接轨。为了促进软件开发人才培养机制的改革与发展，学校需要改变办学思想，尤其是软件开发课程的教学思想，通过改革与创新使软件

开发课程的办学思想逐步与市场发展接轨，培养出更多符合社会市场需要的计算机人才。具体来说，学校课程负责人，需要结合软件市场的发展需要以及就业前景，来进行相关的人才培养目标的设定，使办学宗旨更加符合软件市场的需求；除此之外，学校还要借助网络教学的发展背景，通过借鉴网络教学的目标，对课程的教学目标和教学思想进行改革，促进软件开发相关人才的基本素质的提升。只有学校不断坚持创新学校办学思想，才可以逐步与市场发展接轨，实现软件人才培养的高效化、科学化。

建立高素质的人才培养团队。高素质的人才培养团队，是解决网络视角下软件开发人才培养问题的关键。首先，学校要引进专业的网络教学人才，采用聘任制度，严格把关。学校在进行软件教学教师聘任的时候，不仅仅要求教师具备专业的计算机基础知识，还要具备丰富的网络教学经验，以及科学的网络教学方法。

校企共建教材开发，保证教材编写的科学性。在网络教学日益发展的背景下，软件工程侧重于实践教学，对此学校在进行教材编写的时候，要注意理论和实践学习的结合，并且增加学生课堂实践的机会,提高学生的实践操作能力。为此,学校就必须要加强校企合作,达成学校和企业一致的办学思想，在该思想的指导下开展软件教材的编写工作。例如，在软件教材编写的时候，对于一些实际操作案例的设计，可以参照企业的软件开发要求，并且以这个要求和标准来进行课堂实践教学，这样学生既可以锻炼自身的实际操作能力，同时也可以更好地熟悉企业的发展情况和具体的能力要求，促进学校软件人才培养的科学性。

完善网络教学背景下人才培养的教学方法。网络教学视角下，学校的教学方法还有待进一步完善和发展。网络化教学的一个突出的教学特点就是可以更加科学地模拟实际操作过程，教师就可以充分利用网络教学的特有性质，将传统的被动的学习方法，转变为主动的学习方法。

网络教学，作为新型的教学模式，已经普遍存在于各个学校的课堂教学活动中，因此利用网络教学模式推进学校软件人才的培养是一种必然的发展趋势。文中对网络教学视角软件开发的人才培养过程中存在的问题以及解决方案，都进行了充分地分析，希望可以为网络教学视角下的人才培养机制的完善，提供一定借鉴和帮助。

第二节　医学院校网络教学软件开发与设计

医学院校网络教学系统软件的开发与设计开辟了全新的现代化教学模式，它在高等医学院校教学领域的不断深入、拓展、以及大规模普及是未来发展的必然趋势。本节从开发的必要性，教学设计与网络课件制作的实践出发，探讨了医学院校网络教学软件架构和各个功能模块的设计，并针对软件开发设计后的应用前景作了分析，试图为我国医疗教育事业发展提供支持。

信息技术革命在带给人类日益完善的现代化信息技术的同时，也无时无刻不在改变着人类生活的方方面面。其向教育领域的渗透使得网络教学成为新时代的教育机构不可或缺的新兴教学方式。相较于传统教育依赖于固定的场地与时间以及难以跨越地理区域的限制等缺点，网络教学具有更大的时空灵活性。学生可以根据自身的情况选择相应的课程，制定自己的学习计划，通过相应的网页与应用APP将学校的教育资源更有效率地利用起来。

作为一种开放式的教学模式，网络教学具有与时俱进（资源资料更新快）、博采众长（信息交流性强的特点），对信息技术的充分利用使得教师能够通过Internet以及相应的客户端更便捷有效地指导学生，同时，学生自主式学习的新型教学模式能够高效、高质量地开展，这为终生教育、终生学习创造了条件。而医学技术发展速度日新月异，医学知识内容庞大，同时在医疗工作中要保持认真的态度，容不得半点的疏忽与纰漏，这也要求未来将要成为医疗工作者的医学院学生，要更多的积累相关的医疗过程中的经验与教训。由此说明，医学院校网络教学系统软件的开发与设计是医学院校创新教育方式的重头戏。

一、医学院校网络教学软件总体框架设计

就医学院校的网络教学软件的定位上来讲，在开发与设计软件时应该重点照顾到自主学习、自我测验、线上人工或AI讲解等知识讲授，以及针对于学生用户的自定义学习计划、针对教师用户的便捷备课，还有学习内容拓展等方面（医学院校的拓展学习要着重在临床结合上下功夫）。如某校医学微生物学的网络教学软件框架主要包括最新咨询、资源下载、课程规划、在线测试、教学图谱、给我留言等模块，在设计医学院校网络教学客户端软件的时候也应当兼顾这些模块功能。

二、医学院校网络教学软件各功能分析

（一）软件客户端人机交互界面设计

全面而系统的功能，人性化的人机交互界面，这是一个成熟而完善的网络教学软件所必须的。如一些现有的网络教学软件就做到了为学生端提供多样化的学习功能——课上讲义浏览、经审核报告预览、精准查找病例图示、辅助书写病例报告，自主学习框架定制等。在内容上医学院校网络教学软件则能够通过我国发达的网络资源，将网络教学贯穿医学教育的每一个环节，无论线上线下的教学内容，还是学生的自主学习的专业规划等，软件及网络系统都应当能够做到一种合情合理的设计与规划。

（二）医学院校教学影像资源存储模块设计

为了使得课堂教学与课后学习实现统一在开发设计之时可以统合利用相对成熟的医学院校教学影像资源存储模块，如PACS（PACS系统是Picture Archiving and Communication Systems的缩写，意为影像归档和通信系统）：教学影像资源将基于开放的网页，将更容易让学生接受的视频教学资源，通过傻瓜式的操作展现在学生面前，学生想要观看相关的

医学影像再也不用通过烦琐的计算机操作技术，就如平时上网看视频一般，轻轻一点便能够获取自己想要的视频资源，实现了理论教学与见习实践教学同步：传统的教学模式造成大课与实习课内容重复，内容单调，大课上没有直观的影像，导致理论与实践脱节，网络教学系统利用与医院 PACS 系统让学生能够在上课的同时，知道教师口中各个操作的具体流程与步骤，使得学生的理解更加具象。

（三）医学院校教学软件网络通信功能设计

同时，点击学校权威资料网站的超链接，利用网络的快捷及庞大的数据量，为学生的线上学习提供巨大的理论延展性与开拓性。这就需要在软件的网络功能上下一些功夫，利用公认的网页设计软件（如 Flash、Authorware、Dreamweaver 等）以及 ASP 和 SQL 数据库技术，在线上保障软件后台网站的动态运行。医疗教学资料、相关公告信息等实时更新，网站内容的更新率和网站运行质量尤为重要。当充分发挥远程教学资源的共享功能之时，通过 Internet 将全世界的医学世界连接成一个能够沟通交流的鲜活整体，让整个医学变得活跃起来！使得医学内各个学科间不再自我局限，通过与其他学科之间的交叉，让每一个学科与临床实践的联系更为密切。新的理念源于思想碰撞出的火花，能够让医学学术变成能够相互交流切磋的“一潭活水”无论对医学院校的教育还是对医学本身，都是大有裨益的。

三、医学院校网络教学系统软件开发后的应用前景分析

医学院校网络教学系统软件能够充分发挥计算机高效的信息处理能力，使曾经令教务头疼的教学管理变得具有更强的操作性——如发布考核要求、教学日历、教学大纲；网上辅导、答疑；公布学生成绩。通过这种软件的协助，教师备课也不再是传统的个人“写”教案，它会大幅缩短教师备课所用的时间，将浪费在传统资料整理的备课时间节省下来，真正体现了现代化的工作效率，使教师的工作效率及教学内容达到空前的高效性与丰富性。在教学内容上则使得教学拥有更为丰富的交流互动以及学术讨论，拜托被教育界批判多年的“填鸭”教学模式，让学生接受知识由被动变为主动。在课后方面，新兴的网络教学软件也可以将学生练习、作业以及测验等通过计算机技术自行批阅修改，这能够让医学院的教师将更多的时间花在临床及教育上，而不是在学生的作业上做着重复的无用功。更可以通过日益成熟的计算机模拟技术让医学院的学生能够在课余也可以积累一定的临床经验。

为了使得网络教学更能符合医学院校的要求，医学院校的网络教学软件较之其他专业院校更多基于理论的网络课程则更为注重网络教学软件在实践课教学上的设计。当然，无论多么逼真的虚拟技术也无法代替医疗当中的临床实践。故而用网络软件彻底取代人与人面对面的传统教学的想法是荒谬可笑的，当然也是绝对不可取的。课堂上教师与学生面对面的交流中的信息传递效率仍然远远高于在虚拟的网络上的信息传递，毕竟这种交流是直接的，而通过网络、软件的交流方式仍是间接的。因此将网络教学软件与传统课堂教学结合起来，“强强联手”发挥各种教学模式各自的优势才是让医学教育进一步发展的正确路

线。因此，在转向网络教学这种新教学模式时，保留课堂教学的有利面的同时发挥网络教学的优势，提高教学质量，依然是医疗教育者与软件开发人员所要思考的问题。

网络教学软件的开发与设计不是一个独立的工程，而是一个需要照顾到方方面面的完整系统，在务求严谨的医学领域的应用更是如此。在信息技术应用于医疗临床各个领域的今天，医学院校的网络教学软件也似乎与医疗教育有了更高的契合度。相信在不久的将来，医学院校网络教学软件一定能够为祖国的医疗教育事业做出更大的助力。

第三节　基于UML网络教学软件的设计

在面向对象程序设计中，UML一种图形化的，是面向对象开发中图形化的建模语言，所谓的UML就统一建模语言，在实际开发中有着较强的通用性。本节中首先介绍了UML基本原理，接着讨论了的是本节首先介绍了UML一种比校用的、统一的图形化模型语言。本节在介绍UML建模技术，探讨了用UML对网络教学软件的设计方法。

随着信息化的不断发展，高职院校的信息化也紧跟时代，把目标转向了网络的建设，而网络的教学平台是高职信息化建设的重点，为学校提供了一个好的网络环境，它了促进学校的发展，得用网络教学软件可以将教学资料进行共享，促进师生互动，实现了交互式教学管理模式，大大提高了教学效率。因此开发一个基B/s模式的网络教学软件是十分必要的。

一、软件建模技术

所谓的软件模型就是SoftwarEmdel，是指通过一门建模语言，对客户所需要的软件在功能和性能上进行抽象化和规范化的描述，建模的类型包括，功能建模、对象建模、数据建模、过程建模等四个方面。而软件建模技术是通过软件工程思想对软件模型的过程和方法总称，选择一门建模语言，生成软件模型的过程。

UML（统一建模语言）是一种通用的建模语言，在面向对象程序设计中，它可以将更加复杂的系统，更加清楚的表现出来，它的设计语言与软件的实现没有任何关系，因此它可以应用于任何语言平台，本语言也与软件的实现过程没有关系，它可以应用到任何的软件开发程，所以本软件是一个易于使用，可视化的建模语言。

UML作为一种建模语言，它的可视化和易用性，得到了广大用户的喜欢，可以使用UML定义十多种模型，其中用得最多的是例图，对象图，类图等。这些建模用图可以抽象出可视化的系统，它可以从不同的角度去表现本系统的功能，可以更加直观的表现出来。在面向对象的系统设计技术，是描述要求第一；其次建立系统的静态模型，根据需求，对系统的结构；然后对该系统的行为描述。模型中的两个步骤是静态的，包括用例图，类图，类图，对象图，组件图和部署图六图，UML 静态建模机制。在模型或执行第三步，或实现定时或相互作用。它包括状态图，活动图，顺序图和协作图四图，UML 动态建模机制。因此，该标准建模语言 UML 的主要内容可以分为静态模型和动态模型两类。

二、网络教学系统的设计

在高职院校的网络教学系统的设计前期，首要去实地调研，对现有的情况进行分析，在设计过程中要符合到教育教学规律，还要让系统符合现代教学的理念，既要方便代课老师的工作，又要让学生感觉到效果好。最终网络教学系统主要功能如下：

（1）在客户端中，学生可以查询课程信息和带课老师信息，可以根据需要进行选择，选择后，可以下载课程基本信息，课表等信息。

（2）在前台，所有的代课教师可以发布课程信息，给出学习本门的建议，对课程的教学资料进行发布，修改等操作，可以查看选本门课程的学生信息，在学习过程中对学生的问题进行解答，对学生提交的作业进行批改。

（3）在后台中，本系统的管理员可以对前台的数据进行维护，包括以下几个模块：数据库管理模块：对数据库备份与恢复，对数据进行初始化。基本业务模块：对教师信息进行维护。对学生的基本信息进行维护。

三、UML 建模技术在网络教学系统中的应用

在本网络教学系统中，根据前期的需求分析，得到本系统的业务流程图和数据流程图，通过对本系统流程的分析得到对系统进行操作的使用用户，划出本系统的用例图，接着分析每个角色和用户之前的关系，使用 UML 建模语言得到系统的用例图。本网络教学系统中，因为是教学软件，所以有两个角色参加，就是学生客户和教学用户。学生用户可以根据自己的爱号来选课，查询授课老师的基本信息，对本课程进行了解，最后选择本门课程。老师用户可以上传自己的课件供学生进行学习，对学生的提问进行解答，对学生上传的作业进行批改。

（一）对系统进行分析，对类进行设计

在面向对象程序设计中，最后要的一个概念就是对象，在设计过程中要根据实实存在的对象抽象出类。并且对类进行描述，建立系统模型，这样会更加清楚的描述类与类之前的关系。这种建模方法是需求分析的问题中开始的，根据前期的需求分析，对系统设计进行细划，更加准备的分析出本系统的角色是学生和老师。

（二）网络教学平台的建模和分析

网络教学平台的建模和分析的目的是对本系统的进行析，进行评估，要清楚的分析出本系统要解决的问题及本系统的实用性，这一程可以使用业务用例图来表达，整个网络教

学平台的角色包括老师，学生，和系统管理员。管理员主要负责对所有的学生用户和老师用户进行管理，对系统的静态结构模型是由对象类图和对象图表示。通过使用案例研究发现，该类对象的远程教学系统，对学期的开课情况进行审核，老师角色对本门课程进行管理，制定本课程的计划，在线辅导学生，批改作业等。学生可以根据自己的学号进行选课。这个过程可以使用 Use Case 模型进行抽象，使用软件工程思想中从上向下，不断细化的分析方法。

在开发本系统的过程中，在前期的需求分析过程中花费了大量的精力，首先实地调研，在现有系统中发现问题，再根据客户的需求，结合多年的教学经验，对本系统进行合理系统设计，最后根据本系统特点，选择了 UML 建模语言对系统进行建模处理。这样便促进了系统设计、开发和测试人员的相互理解，使开发流程变得十分清晰。为了让本系统更有实用性和先进性，在后期的软件开发过程中要使用最新的开发技术，提高代码的质量，为信息化高职院建设起到推动作用。

第四节　互联网经济下网络课堂教学的软件开发

本节首先分析了基于互联网经济环境下开展网络课堂教学的软件系统组成，提出有效的资源整合模式，在此基础上重点论述提升实现网络课堂教学任务的软件系统设计方法，从用户认证以及资源共享等层面来进行，促进网络课堂教学任务更高效进行。

一、基于网络经济下网络课堂教学软件系统组成

网络平台。实现网络教学任务首先需要在稳定的网络平台基础上进行，开展教学相关资源的获取以及共享，无论是教师使用者还是学生使用者，进入到教学软件系统中都需要在网络连接状态下进行，这样才能达到更高效的使用效果。网络平台是组成教学软件的基础部分，也是后续系统设计开发任务进行的必要前提，利用网络平台所构建的资源数据库存储功能十分强大，可以同时满足不同运行使用任务。

资源数据库。资源数据库构建后可以与系统内教学使用端口相互连接，当出现资源共享下载请求时，通过资源数据库连接来帮助更高效的完成传输任务，从而进入到理想的设计控制状态下，现场各项设计使用任务也与资源数据库之间存在必然联系。资源数据库共享是接下来网络教学任务开展前提，同时也是设计过程中重点针对的部分。资源数据库构建并投入到使用环节中，接下来的网络课堂可以实现远程教育以及多媒体实时信息搜索任务。

教学课件层。教学课件设计是网络课堂中的具体功能层，其中包含自定义内容，教师可以根据教学过程中需要的功能对软件进行开发，科学整合资源。教学可见层中，教师根

据教学内容不断的开发完善，将教学任务开展中需要的资源编排设计，从而实现网络课堂教学任务。教学课件设计同样是基于网络环境下所开展的，需要教师不断的观察完善，分析所存在的技术方案隐患，以及教学过程中对课件内容的使用需求，将其作为软件系统功能开发的参照依据。

二、网络课堂教学软件开发中的系统设计方法

用户认证功能实现。网络课堂教学任务进行中对教学软件的使用，软件内需要识别用户身份，根据学生以及教师身份的认证来进入到指定的教学资源中，从而实现更高效的运行使用效果。用户身份认证通过管理层来实现，设计出管理层中用户名以及密码，通过这种识别方法来分析用户身份，并将其对接到适合的端口中，实现信息端口更高效的运用使用功能。用户认证环节中需要调动数据库来完成，教师以及学生用户在注册平台期间会将信息录入其中，用户名以及密码验证后进入到系统内部管理环节中，完成用户使用功能。

开放型多媒体技术应用。处于网络环境下所开展的各项教学计划，借助多媒体技术进行效果更加理想，通过多媒体教学课件中的资源共享，以及多种形式课堂操控模式，可以模拟出真实的课堂教学环境，学生所学习的内容也更理想。网络课堂大部分为远程教学，学生对知识点理解不足的部分也能通过网络平台来向教师提问，形成更具有应用意义的多媒体教学体系。

系统开发程序语言选择。系统程序设计语言中，要同时满足图片、音频、视频以及文字不同资源使用模式，采用 Visual FoxPro 软件来完成数据资源库管理任务，随着开发任务深入进行，在现场设计一个适合的环境，并通过各个系统之间的相互配合来完成更高效的运行使用任务。软件能够同时完成多项数据库管理任务，并且所配合的资源共享也能在其中更高效完成，通过系统之间的相互配合以及促进，教学任务也能得到更好的实现，对于教学过程中对数字资源选择以及对接任务，程序汇编阶段便应该将其展现出来，从而形成更适合的网络教学课件运行使用环境。网络课件进行多媒体教学和网络教学，实现了教学手段的现代化，教学形式的多样化，提高了学生的学习兴趣，减轻了教师的劳动强度，提高了教学的效率和质量，培养了学生在数据库应用开发方面的创造性思维能力和实际动手能力。

综上所述，网络课堂教学计划中的软件系统是远程教学活动的技术支撑，对提升教学效率有很大帮助，是实施远程知识传递、导学和远程管理的基础。系统设计必须满足远程教学、远程管理的基本需求，同时应尽可能地创造一个模拟真实的网络教学和学习的环境。要努力把传统学习方式的优势和网络、媒体环境的学习优势结合起来，对学习、教学、服务和管理提供全面的支持，真正为学习者创造一个完美的网络学习空间。

第五节　社会化网络软件开发的文科计算机教学设计

高校文科大学生计算机教学亟待改革和创新。南京信息工程大学计算机与软件学院计算机教学课程组在分析研究了当前SNS网站发展趋势和应用需求的基础上，提出尝试将文科大学生的计算机类公共基础课程教学内容与SNS网站的开发应用相结合，通过有针对性的、系统的、实用的文科计算机教学与实践，优化课程设置、改革知识体系，促使文科大学生扎实计算机知识基础，磨练实际应用技能。

互联网的发展逐渐步入社会化阶段，人际关系的构建是社会化的展现形式，其基础是20世纪60年代诞生的“六度分割”理论。社会化网络软件（Social Networking Software，简称SNS）是Web 2.0体系下的一个技术应用架构，以“六度分割”理论的思想为基础而构建的基于个人关系脉络的网络基础软件。SNS实际上是围绕社会化人际关系整合多种服务和功能，通过分布式软件编程技术，不断放大每个个体的社交圈，最后成为一个大型网络。维基百科对SNS给出了一个相对通俗的定义，即“社交网站是一种多人参与的网站，在这个网站上，用户公开自己创造的内容并与他人分享个人或专业信息；社交网络服务则是一种建立和验证在线社会网络的软件”。

随着参与企业和投资机构逐步增多，SNS的功能模块、服务模式和商业模式逐步形成并完善，用户群的定位呈现出明显的差异。SNS网站最大的特点在于用户间交互性的增强，根据其主体功能模块和用户群的划分，目前主要有：一是以休闲娱乐为主的SNS网站，如开心网，它突破了该类传统网站的服务模式和盈利方式；二是以校园学生为服务主体的校园SNS网站，如校内网、QQ校友等，其核心竞争优势是能不断吸引大批新生力量加入并长期占有大学生群体；三是以商务沟通和交友为主的SNS网站，如Linkist，这类网站旨在帮助用户挖掘各式各样有价值内容的同时，协助企业有效投递信息给特定背景用户。

中国大型社交网络服务提供商所提供的服务类型主要三大类，分别是传统社区业务、新型互动业务和娱乐插件业务。网站的交互能力在发展新用户和巩固老用户方面具有相当的优势逐步显现。近年来，互联网企业不断尝试通过上线社交业务来增强用户黏附度；电信运营商、通信设备制造商也通过合作或自行开发的方式提供社交性服务，提升用户对服务的感知。

一、SNS平台发展需求可驱动高校大学生的计算机知识学习

随着SNS网站的持续推广与应用，虽然部分主流SNS网站已拥有固定的、占有市场比较大份额的用户群，但随着用户体验的不断丰富，用户的需求更加理性化和个性化，需要SNS网站能为其提供更为细致的和更加具有针对性的服务，针对细分群体构建SNS平

台的运营理念和方式。目前主流 SNS 网站在某一群体中已经拥有较大的市场占有率和品牌影响力，新进入者处于竞争弱势地位，面临很高的门槛。因此，如何深入挖掘用户需求，对用户群进行细分，为用户实现服务定制，构建和优化 SNS 平台的运营理念和方式成为 SNS 网站可持续发展所亟需考虑和探索的问题。

目前大部分 SNS 网站都解决了“交朋友”的问题，即实现了“马斯洛需求理论”中的第三层“社交需求”；但结交朋友之后去“干什么”，即用户在社交关系建立后需要去实现一个什么样的目的，如何达到更高层次的“自我实现”的需求。因此，如何不断拓展 SNS 网站的业务范围、服务种类，如何有效结合更具有实用价值的网络应用是 SNS 网站发展走向务实并不断提升用户的聚合性和持久性所需要努力尝试和摸索的领域。

SNS 网站的注册使用制以及非朋友之间的信息屏蔽制度往往不利于用户创造的有用信息广泛传播，导致用户创造的内容传播不够及时畅通，仅限于朋友之间和平台内部。传播范围的有限使得众多有用的信息不能及时地影响到更广泛的用户，不利于网站营销的展开和用户口碑的形成。如何构建开放式平台，有效促进平台内部用户之间和平台之间信息的流动及资源的整合、确保平台中用户交互信息的畅通性、可靠性等是 SNS 网站信息平台拓展与开发需要研究的重要技术。

个性化和娱乐化的插件应用提高了 SNS 网站用户的黏性；同时，允许第三方软件开发者为各个 SNS 网站开发通用软件程序也降低了 SNS 网站网络应用的开发成本，有利于资源的整合，促进了用户信息在各个平台间的流通传递，扩大了信息传播范围。如何在遵循 SNS 网站用户群定位的同时开发或植入具有应用价值的插件是 SNS 网站可持续发展目标中亟待解决的问题。

对于以大学生为主要用户群体的 SNS 网站来说，高校大学生的直接用户体验和需求推动其更具有实用价值的应用的研究与开发；而对 SNS 网站的生存现状、发展趋势以及竞争力提升所需要的技术和能力进行系统地学习和培养，对于高校大学生，特别是对计算机知识学习相对盲目的文科学生来说，掌握社会化网络软件的技术知识和应用开发，对其计算机理论的丰富和信息素养的提升有着重要意义。

二、结合 SNS 平台发展需求完善文科计算机教学内容体系

文科计算机教学具有知识性、技能性与应用性相结合的特点。它立足于实践，在实践过程中学习知识，在学习知识中实践与体验。文科计算机课程建设与教学改革本身也将对文科其他学科课程的建设与改革起着积极的推动和促进作用。

目前，高校文科大学生的计算机教学仍然停留在理论基础知识的零散式教学，教学实践内容单一、孤立。大部分学生对计算机知识的学习更多的是出于应对与学位挂钩的计算机等级考试或计算机认证的需求。各个高校在文科计算机教学工作中都努力尝试寻求一个合适的教学出发点或驱动学生知识学习的动机，寻找既能比较全面的涵盖高校文科计算机

教学内容又能结合学生兴趣、实现“以用促学，学以致用”的教学模式。

南京信息工程大学计算机与软件学院长期承担学校文科大学生的计算机类基础课程教学，教授课程覆盖计算机基础知识（计算机基础）、编程基础（C语言程序设计）、数据库基础（VFP程序设计）和电子商务等。学院成立了相应的公共基础课程组，并请有多年计算机教学经验的高级职称教师担任课程负责人，统一教学大纲、统一教学要求、统一教学进度、统一命题、统一批卷，保证文科大学生计算机基础教学质量。但在教学过程中，我们发现文科大学生的计算机知识学习还是存在很多问题，如基础知识缺乏、学习积极性不足、将所学知识与实际应用相结合的意识薄弱、学习方法不合理等。

针对SNS网站发展趋势良好、开发需求旺盛，计算机与软件学院尝试构建基于社会化网络软件模块开发与应用的文科大学生计算机教学知识体系和课程设置，以实际应用需求驱动计算机知识的教与学。计算机教学课程组对本校文科大学生的计算机教学内容和知识体系进行梳理、筛选和调整，以SNS网站开发和应用的平台功能和服务模式等为依托，探索计算机类教学知识模块划分，如网络媒体开发、网游设计与开发、电子商务、插件开发与应用等，健全知识体系构建，优化教学课程设置。任课教师在对SNS网站技术构架进行了整体介绍和展示的前提下，鼓励学生自主摸索和研究现有SNS网站（如人人网、豆瓣网、开心网等）的网站结构、主要应用平台（个人展示平台、交流相识平台、协作合作平台）的功能应用、服务提供模式、技术应用和盈利模式等；指导学生以研发团队的形式用所学知识尝试模拟设计并开发实现小型的SNS网站、拓展SNS网站平台功能、探索插件应用设计与开发、研发移动社交软件等，从而激发文科大学生对计算机知识的学习兴趣和动力，使文科大学生了解信息技术应用对社会关系发展的巨大贡献，了解信息技术与人文社科等的相互渗透和交叉融合，理解计算机的思维方式，掌握利用计算工具解决专业领域问题的能力。

大学计算机是面向高校非计算机专业的计算机教育体系。科学规划文科大学计算机课程的知识结构和课程体系，探讨文科计算机教育的规律和方法，为培养文科大学生多元化思维探索有效途径，推动高校按照文科不同专业类型以及应用需求开展大学计算机教学改革，最终落实到知识体系、课程建设和立体化教材建设。满足大学计算机“服务于学生社会就业及专业本身所需要的计算机的知识、技术及应用能力的培养，以造就更多的创新、创业人才”的教学总体目标要求、着力提升大学生信息素养和信息应用能力。

南京信息工程大学计算机与软件学院的文科计算机教学课程体系尝试结合SNS网站开发需求，以培养学生信息素养与应用能力为主线，开展文科大学计算机教学改革研究，符合文科大学计算机教学实际，可操作性强；同时，在传统的计算机教学模式基础上，贴合网络应用实际出发，创新知识体系构建和教学课程设置，有利于形成切实可行的、教学目标明确的、知识体系完整的、知识模块划分科学的、课程设置合理的，具备实用价值的创新型的文科大学生计算机教学知识体系。

第六节　ASP. net 网络技术的化工原理课程设计教学软件开发

化工原理课程设计是化工类专业学生的重要实践环节，传统的手工计算烦琐而且错误率高，计算机辅助教学软件很好地解决了这些问题。化工模拟软件如 ASPEN PLUS 以及 Pro / II 等具有很多优点，然而此类商业软件价格高昂，在教学中利用率低，造成资金的极大浪费。本节针对本专业教学的实际需求，利用最新的 ASP. net（C #）网络技术，设计开发出一套化工原理软件，不仅满足学生课程学习的需要，而且提高了学生的工程分析能力。

化工原理课程设计是化工原理课程教学的重要环节，是在教授完化工原理的基本原理、过程计算、典型设备的结构与基本操作的基础上进行的提高性训练，要求学生能够运用所学的理论知识进行化工单元操作设备的设计。该课程的学习能够让学生从理论走向实践，培养学生独立思考以及解决工程问题的能力。在为期一个月的化工原理课程设计中，学生需要灵活运用所学知识，全面分析设计过程，完成设备工艺尺寸的设计计算以及设备工艺条件图的绘制工作。

由于化工专业本身的特殊性，在课程设计中不可能让学生对实际设备进行操控，因此学生没有一个很好的实践环境，很难将自己所学理论结合到实际中，锻炼自己的设计能力以及培养工程概念。同时学时少、时间紧，使用传统手工计算的方法只能在教师给定条件下进行验证性计算，耗时很长。倘若中间某一步出错，将会造成整个结论的错误。手工计算制约了课程的教学质量，并且很难比较不同方案的设备费用、运行费用和总费用，从而确定各个不同方案优劣。另外，学生之间的作弊现象往往会比较严重，教师的批改任务也很大，从而会在很大程度上影响教学质量。

随着科技水平的发展提高，计算机已经渗透到了社会各个领域并且发挥了巨大的作用。计算机辅助教学，作为一种新兴的教学方式，对于提高教学质量起到了至关重要的作用。适用性流程模拟软件 ASPEN PLUS 以及 Pro / II 具有完备的物性数据库、全面广泛的化工单元操作模型、强大的模型分析等能力，可以使学生在进行理论学习和简单的认识学习后不用进工厂，不上装置就能得到开车、停车和事故处理等操作机会。刘宝柱等利用 ASPEN PLUS 软件提供的精馏模型中的 DSTWU 计算模块获得不同塔板数下对应的回流比，同时用 EXCEL 进行费用计算最终得到最优回流比。孙兰义等选择烯烃分离装置作为研究对象，利用 ASPEN PLUS 的 DSTWU 计算模块进行了简捷计算，RadFrac 进行严格计算，最终得到了最佳回流比、理论板数等重要数据。孙兰义等利用 Pro / II 中的 shortcut 简捷计算模块计算出精馏塔的最小回流比以及最小理论塔板数，从而获得实际所需的回流比、理论塔板数和进料位置，并且在这些参数的基础上，用 Distillation 模块进行严格计算得到了可用于塔板设计的每块塔板的完整工艺数据。ASPEN PLUS 以及 Pro / II 对于化工原理课程设计的教学有很大的帮助，然而其高昂的价格却限制了大范围推广使用。

为了更切合实际地提高课程的教学水平，很多院系开发了符合自身要求的软件。吴晓艺等利用面向对象语言 VC ++开发了列管式换热器工艺设计软件，具有使用简便、计算速度快等特点，杜绝了学生抄袭现象，并减轻了教师工作强度。EXCEL、VB、DELPHI、Borland C ++等软件也被用作化工原理课程设计软件的开发，并且取得了显著的效果。

笔者根据自身的教学实践，结合前人在计算机辅助教学上的成果，通过引入当前计算机领域最流行的 ASP. net（C #）网络技术以及 Flash 流媒体技术，使用微软的大型数据库 SQL SERVER 2005 作为支撑，结合 PPT、authorware 等软件，对化工原理课程设计教学进行了一系列探索和试探性改革。

一、总体设想

ASPEN PLUS 以及 Pro / II 等软件价格昂贵，并且很多功能对于教学来说冗余，不切合很多高校实际。Windows 桌面软件具有速度快、操作方便等特点，但其安装复杂，并且附带数据库安装和更新复杂，同时其计算速度受到个人电脑的限制，在课程设计的应用中仍然存在很多瓶颈。网页技术的引入能够很好地解决上述问题，其不仅具有桌面软件的优点，并且开发和维护方便，学生使用无需安装，同时界面美观，使得学生能够更好地学习吸收。使用 iS – pring 将授课用的 PPT 演示课件打印放入 internet 共享，在方便学生课后浏览复习的基础上也保护了 PPT 的知识产权，并能够根据学生的反馈及时更改 PPT 的内容。为了方便学生的学习，可对课程以及设计中的关键步骤进行录制和剪辑，利用 Flash 流媒体技术对视频进行共享，使得学生在课后能够及时有效地复习和掌握。

二、课件开发环境

（一）ASP. net（C #）技术

ASP（Active Server Pages）是一项微软公司的技术，是一种使嵌入网页中的脚本可由因特网服务器执行的服务器端脚本技术，为早期比较常用的服务器脚本技术，具有简单易学易用的特点。ASP. net 的前身是 ASP，相对于 ASP 有了很大的提高和改进。其在 ASP 简单性和易学性的基础上拥有诸多优点。ASP. net 易于开发和维护，高集成的开发环境 Visual Studio 功能强大，极大地缩短了开发周期以及减小了维护难度，本课件开发所采用的 C #技术相对于传统的 C、C ++语言等又更加通俗易懂。相对于 ASP 过程执行式语言，ASP. net 采用了更先进的先编译后执行的方式，一次编译，永久使用，减小了服务器负荷，同时加快了用户访问速度。ASP．net 接近于桌面软件设计模式，对于普通设计者来说更加容易入门和使用。同时，其绘图技术以及文件上传功能的加入也大大地提升了 ASP．net 性能。库文件（DLL 文件）的引入，不仅是面向对象语言的呈现，同时，对于关键技术的保护也起到了很大的作用。在数据库操作方面，ASP．net 与 SQL server 具有很好的集成性，Visual Studio 更是与 SQL Server 有机地结合在了一起，对于整个网站的设计开发起到了很大的作用，C＃中 System．Data 以及 System．Data．SqlClient 包提供了丰富的连接以及操作 SQL Server 的数据函数，给开发带来了很大的便利。

（二）SQL Server 数据库

SQL（Structured Query Language），即结构化查询语言，主要功能就是同各种数据库建立联系，进行沟通。SQL 语句可以用来执行各种各样的操作，例如更新数据库中的数据，从数据库中提取数据等。绝大多数流行的关系型数据库管理系统都采用了 SQL 语言标准。虽然很多数据库都对 SQL 语句进行了再开发和扩展，但是包括 Select，Insert，Update，Delete，Create，以及 Drop 在内的标准的 SQL 命令仍然可以被用来完成几乎所有的数据库操作。比较常用的数据库有 ACCESS、SQL Server、Mysql 等，ACCESS 数据库是一款简单易操作的桌面数据库，但是其性能随着文件增大而降低；Mysql 是一款免费的数据库，在 Unix 下与 PHP 合作良好，但是在 Windows 下性能欠缺，和 ASP．net 之间的结合也不是很好。SQL Server 关系数据库管理系统是由微软公司推出的一款优秀的数据库管理软件。具有实用方便、可伸缩性好、与相关软件如 ASP．net 集成度好等优点。本软件采用 SQL Server 2005 作为数据库平台，相对于 SQL Server 2000 以及更早版本，是一个更加全面的数据库平台，除了与 Visual studio 2005 具有很好的集成性外，还结合了集成、报表、分析和通知功能。

（三）Flash 流媒体技术

在网络上传输音／视频等多媒体信息，目前主要有下载和流式传输两种方案。A／V 文件一般都较大，所以需要的存储容量也较大。同时由于网络带宽的限制，下载常常要花数分钟甚至数小时，所以这种处理方法延迟也很大。流式传输时，声音、影像或动画等时基媒体由音视频服务器向用户计算机的连续实时传送，用户不必等到整个文件全部下载完毕，而只需经过几秒或十数秒的启动延时即可进行观看。当声音等时基媒体在客户机上播放时，文件的剩余部分将在后台从服务器内继续下载。流式不仅使启动延时成十倍、百倍地缩短，而且不需要太大的缓存容量。流式传输避免了用户必须等待整个文件全部从 Internet 上下载才能观看的缺点。

三、课件特点

（一）强大的信息共享能力

笔者将所涉及的工厂知识视频、常用软件 ASPEN PLUS 和 Pro / II 演示视频以及本课件操作演示视频通过 Flash 流媒体技术进行分享，使得学生不用拷贝庞大的视频文件，只要能上网，便可随时观看视频，增强了学生的学习能力以及工程概念。笔者也将上课内容进行了录制并且放到了网上，学生可以自由安排时间观看视频学习，也可以进行反复的复习，增强了学习效果。同时，此方法还很好地保护了视频制作者的知识产权，避免侵权纠纷。

（二）强大的后台数据库支持

SQL Server 是一个大型的企业管理数据库，对数据能够进行高效快速的管理。在计算过程中，所涉及的物理参数如流体的密度、比热容、粘度等非常多，而这些都是温度和压力的单值函数。为了方便计算使用，我们首先将计算过程中可能遇到的物理参数进行拟合，学生可以输入温度或者压力等数值即可方便查得所需参数。数据库还对学生个人信息、作业完成信息、期中期末考试信息等进行储存，方便对学生的学习情况进行跟踪。对于每一次模拟，系统都会将结果进行记录，对于不同回流比下所获得的费用结果进行储存，学生可以方便查询并且获得最佳回流比。

（三）强大的绘图能力

ASP．net（C #）具有强大的绘图功能，System．Drawing 库不仅包含源图片导入函数，同时还可以绘制椭圆形、矩形、线条、点和贝塞尔曲线等自定义图形，可根据需要绘制图形并且通过 response 流输出到客户端，供显示的同时可以下载保存。学生可以在电脑上输入各种参数，服务器在接收到请求以后完成回流比—设备费、回流比—运行费、回流比—总费用以及塔板负荷性能图等。刘宝柱等采用 EXCEL 的绘图功能完成了回流比与设备费、运行费和总费用的关系图，该方法形象直观，但是对于学生的 EXCEL 操作能力要求高，当采用 ASP．net 网页技术以后，学生只要输入参数即可得到结果并可方便的进行比较。蔡锐等使用 DHTML 技术完成了塔板负荷性能图的绘制，但方法开发复杂并且效果没有 ASP．net 库函数绘制结果美观，同时输出结果不能下载。与上述方法相比，本课件不仅保留了和 EXCEL 同等甚至更为强大的数据计算分析、数据图显示功能，使得学生可以输入所需参数，即可获得简捷美观的图形；同时，对于设计开发者而言，只要将 Visual Studio 的 Picture 控件拖拉到显示区，调用 System．Drawing 库进行图形绘制，即可完成开发设计，简化了开发步骤，缩短了开发时间，同时开发之后的类库具有很强的重用性，便于二次开发，使得软件能够根据教学需要做出适当的修改。

（四）文件上传及交互功能

ASP．net 提供了强大的文件上传功能，包含了文件上传以及保存的操作函数，相对于 ASP 等其他技术具有上传速度快、上传容量大、支持同步多文件上传等优点。使用此功能，学生可以将使用其他软件完成的作业以及设计结果上传以供批改，得到教师的反馈之后也可以及时地进行更改。虽然 FTP 等也具有很强的文件上传以及管理功能，但是却不能很好地形成一个系统。教师可以在数据库中设置文件允许上传时间，学生可以在此规定时间内完成作业并且修改，系统也会保留学生的修改记录从而进行很好的跟踪。同时，另外开设的讨论版里也允许学生回答教师提出的问题，或者讨论其他同学的答案，对于学生的思考能力起到了很好的锻炼。针对每一次作业的提交，学生们不仅可以看到教师给出的反馈意见，同时可以看到自己所得的分数，对于学生的学习起到了督促作用。

（五）工程概念的培养

学生在课堂学习之余，观看实际工厂生产视频，可以很好地培养工程概念。同时，通过修改参数，人为选取参数，通过所产生的结果，学生可以更加深刻地了解到不同操作条件对于精馏或者提馏的影响，提高了工程概念意识，对于以后的课程设计也起到了很大的辅助提高的作用。

结合 Photoshop CS4 以及静态 Html 和 CSS 设计的网站美观大方，界面容易为学生所接受。网络教学模式的加入，使得学生们可以灵活地安排自己的时间，即使不到课堂，也可以通过在线观看视频学到知识，对于已经参加课堂学习的学生，通过观看课堂视频也起到了很好的复习效果。同时，视频技术的引入实现了一次录制，永久使用，教师可以在以后的教学中依旧使用该视频，大大减轻了教学负担。实名制留言板的加入，使得学生能够在规定的时间内参与给出问题的讨论，在和教师讨论的同时也可以针对其他同学的回答进行讨论，改变了传统课堂教学一对多的模式，实现了多对多的教学模式，增加了学生的学习积极性，同时，该讨论也作为平时作业成绩，减轻了教师负担，同时节约了纸张。学生在观看工厂知识视频以及 ASPEN PLUS 和 PRO / II 操作视频之后，可以形成一个直观的工程意识，对于学生的工厂实习和工作有很大的帮助。笔者相信，随着计算机软件和硬件的不断发展，计算机辅助教学特别是网络辅助教学将会在未来的教学中占据越来越重要的地位。

第八章　网络教学软件开发应用研究

第一节　智慧校园与软件开发类课程实践教学

随着网络信息技术的高速发展以及教育改革的不断深化，高校的教育教学获得越来越多的人关注，实践教学不断改革和发展，本论文通过介绍智慧校园的概念和特征，对目前高职院校软件开发类课程实践教学存在的问题进行分析，并针对问题提出相应的改进措施，提高智慧校园背景下软件开发类课程实践教学的有效性。

一、智慧校园概述

智慧校园是将现代云计算技术以及虚拟化技术和物联网技术等充分利用，实现教育工作与教学资源，彼此之间相互交互性，并有效整合教学、管理、科研、应用等，使其更加系统化，提升其响应速度以及明确性和灵活性，推进智慧化管理与服务的先进校园模式。智慧化校园，针对教学过程开展详细分析与评价，这一新兴教学模式与学生的兴趣特点非常契合，能够共享集体知识，实现了智能业务融合应用和外部知识融会贯通，对高职软件开发课程教学具有重要的促进作用。

二、智慧校园在高职院校软件开发类课程实践教学的可行性

（一）科技水平和网络技术为智慧校园的普及提供了条件

云计算和物联网的高速发展被智慧校园建设提供了强大的技术支撑，同时技术要求也不断提升。

（二）教育改革不断深化

当前，经济社会高速发展，人们对教育的重视程度空前高涨，加强教育改革，提升教学效益，成为当前的重点内容，这成为推动智慧校园的重要力量。

（三）高职院校学生的特点

当前，高职学生计算机应用技术方面已经具备相当水平，实践能力也获得极大发展，

这为智慧校园下的项目使用提供了良好的基础。

（四）目前高职院校课堂教学存在的问题突出

传统高职院校课堂教学过于重视理论教学，学生参与性不强，对课堂教学效率造成很大影响，不能兼顾到学生的整体学习水平与兴趣爱好，课堂教学效率低下，教学资源利用率低。可见，推进智慧校园有着良好的发展契机。

三、智慧校园背景下软件类课程实践教学改革思路

（一）改革实践教学体系，培养学生实践能力

加强理论与实践教学之间的联系性，提升实践教学效益，软件开发类课程实践教学特点，开展一体化多层次教学模式，促进学生实践能力全面提升。一体化教学模式，更加关注学生的理论知识与实践知识的学习，并与科研研究建立紧密联系，实现三者的融合贯通，培养学生的创新素质。一体化多层次教学模式下，更加重视实验教学与课程设计，同时关注学生实训教学与专业实习，促进学生综合能力全面发展。

（二）优化实践教学师资队伍，提升实践教学水平

加强智慧校园发展背景下软件开发类课程实验教学队伍建设，利用产学研相结合的方式，打造一支更高素质的专业化实验教师队伍，对实践课程教学内容全面负责。特别应当加强具有较强实践能力一线教学老师培养，并且在校园中，实验室实训中心与校外实训基地，配备专业的实验员，加强试验管理。因软件开发类课程本身具有很大的特殊性，可以将一些社会中具有丰富实践经验的工程师聘用过来担当指导员，对学生的实训加强指导，并对学生的毕业论文设计与创新创业加强指导，和企业建立良好的合作关系，加强教师培训力度，逐步完善双导师制。

（三）建立健全共享式实践，拓展学生实践能力

校内实验室。校内实验室目前是学校开展实践教学的重要平台，但是其资源必定有限，而且开放性和共享性方面还存在很大不足，而且多数实验课程与实验需求明显不足，应当进一步加强校内实验室和仿真虚拟实验室等改造工作，使其实践平台作用充分发挥出来，虚拟仿真实验室，通过现代信息技术以及相关软件的应用，没有时间和空间上的限制，资源投入较小，而且具有良好的开放性与共享性。

校内外实训实习基地。通过校内外实训基地合理分解实训活动，通过校外短期实习，来开阔学生的视野，增进学生对专业知识的理解，促进学生实践能力得到进一步增强。发挥好校外综合实习的优势，让学生亲临岗位实际，进行实训学习，获得丰富的知识经验，为其今后职业奠定坚实的基础。

实践能力拓展平台。只有校内外实训基地还是不够的，还应当将其他方式充分应用起

来，如主持参加一些科研项目活动，培养学生的创新精神与创新能力，鼓励和调动学生进行一些创新创业实践课程的申报，发挥好学生的自主独立学习优势与个性特点，积极培育毕业设计项目，利用科研试验室，充分结合学生实际，进行相关项目研究，鼓励和引导学生主动参与到各类专业竞赛活动当中，如校园创新创业竞赛，电子设计比赛，机器人大赛等，形成良好的学习氛围，促进学生综合能力的全面发展。

综上所述，在高校智慧校园软件开发类课程实践教学过程中，应当将其优势充分发挥出来，通过有效的方法与策略，促进课堂教学效益的高效化发展。

第二节　高职院校计算机软件开发课程教学

随着科学技术不断的完善和发展，计算机和网络在人们的生活中扮演着非常重要的角色。为了完善高职院校计算机软件开发课程教学，使学生更加适合市场的发展，应该完善教学理念，分析教学中存在的问题，针对计算机软件开发的特征，提升教学效果。

在计算机软件开发课程的教学环节中，要融合理论知识和实践环节，这一课程对学生的实践能力提出了非常高的要求，不仅要求学生掌握各类软件的使用方法，还应该学会分析软件开发中可能存在的问题。

一、计算机应用软件的特征

（一）专业性

计算机应用软件的功能有很大的差别，它们的专业性非常强。每一个软件在应用的环节中都要结合计算机基础知识。

（二）发展性

计算机应用软件更新换代的速度非常快，软件的款式越来越多。

（三）操作性

应用软件的功能非常完善，为用户提供了完善的操作界面。在软件开发的环节中，应该对界面进行优化，才能为用户的使用提供更多的便利。应用软件中功能和类型不同，所以操作的按钮也不同。

二、高职院校计算机软件开发教学中存在的问题

（一）教学教材和实际需要脱节

高职院校在教学的环节中，教学内容和教材的内容不相符，教材主要分成两类，其一是理论教材，其二是实践教材。理论教材的内容比较翔实，但是在学生实践的环节中，学生会感到理论教材非常枯燥无味。在实践教材中有很多案例，但是理论基础知识缺乏，学生在看教材中不能用理论指导实践。而且计算机软件更新的速度非常快，高职院校在教学中如果不能及时更换教材，那么学生学到的知识就不能跟上时代的潮流。

（二）教学方法落后，教学水平不足

很多高职院校在进行理论教学和实践教学的环节中，他们使生动有趣的实践教学变得索然无味，这导致教学计划不能按照计划进行，而且学生也产生了严重的厌学情绪，对学生的学习积极性产生很大的影响。很多老师的专业水平非常有限，所以在实际的教学环节中，不能对操作的流程进行详细的分析，导致学生不能对相关的软件有更好的理解。

（三）教学实践环节不足

在软件开发的教学环节中，应该坚持理论和实践结合的方式，但是高职院校在传授理论知识后，应该重点对学生的实践能力进行培养。但是很多高职院校在教学环节中，不能合理地分配理论教学和实践教学，导致他们不能深入实践教学。在教学环节中，教学的设备和环境存在很大的局限性，导致教学效果不好。

三、完善高职院校计算机应用软件教学的措施

（一）教师应该转变教学观念

在教学工作中，教学观念起到重要的指导作用，如果教师的教学观念非常陈旧，那么其就不能适应时代的发展。因此，在高职院校软件开发教学中，教师应该完善相关的教学观念，指导学生完成软件的开发项目，使学生在软件开发中头脑更加灵活，提高了他们随机应变的能力。还应该对教学方法进行创新，充分激发学生的积极性和主动性，在软件开发教学中，学生才能了解市场上需要什么样的人才。

（二）选用先进、科学的教材

在教学方案的设计中，教材起到很重要的作用，因此，在教学中应该合理地选择教材，选择那些适合市场上应用的教材。教材中不仅仅要包含大量的理论知识，还应该结合实际，有大量的生动案例，从而使老师在教学的环节中可以合理地安排理论和实践教学的实践，提高学生实际的应用能力。在进行应用软件开发中，应该结合社会的主流形势，从而确保

学生在课程完成后，可以深入社会实践中，防止教学与实际脱节。

（三）传统方法的改革和创新

传统的教学方法不能提升学生的学习兴趣。学生对一些新鲜的事物会非常感兴趣，所以老师在教学中应该充分抓住学生的心理特点。在软件开发教学中，老师要分章节进行讲解，在讲解完成后，应该组织学生进行实践，使学生在实践中巩固理论知识，从而起到活跃课堂气氛的效果。

（四）完善实践教学的比例

在计算机软件开发教学中，培养学生的实践能力是重点，因此高职院校在教学环节中应该提升实践教学的比重。在理论教学中，学生对软件有基本的了解后，就可以转化成实践教学，确保学生可以将理论知识应用于实践教学中，更好地提升学生的计算机软件操作能力。老师可以结合竞赛等活动，激发学生的创造性思维。

计算机软件开发教学应该跟上时代的步伐，学生在了解软件开发本质的基础上，采用创新的理念，才能使软件的功能多元化，更好地满足用户的需求。

第三节　网络教育中软件开发技术

在网络教育中为提高院校的教学水平，使学生能够从本质上提高自身的学习能力，在教育教学过程中，需要结合网络教育的内容，通过利用软件开发技术，使学校的教育教学水平得到提升，进一步为学生提供良好的学习环境，使学生在学习过程中能够充分结合学校教学资源，强化自身综合学习能力。因此，本节主要以网络教育为基础，通过在网络教育中探讨软件开发技术的重要性，提出相关的软件开发设计思路和开发内容，并对软件开发技术在网络教育中的具体应用进行分析，从而为提升高校网络教育软件开发技术提供一定的参考意见，使软件开发技术在网络教育中得到充分发展。

随着我国科学技术的不断发展和提升，在现代化技术的不断推动下，我国高校教育教学工作与信息技术的联系更加紧密，尤其是在网络教育中，通过结合软件技术，能够有效丰富学生的学习生活，为教师教学提供更加多元的教学方案，从而使学校的教育教学水平得到不断提升。因此，为有效顺应现代化计算机信息时代的发展，相关 IT 从业者，应结合计算机的具体应用，结合学校的教育教学内容，有效提升网络教育的软件开发能力，加速学校现代化建设进程，促进网络教育发展和普及。由此可见，软件开发技术在网络教育中具有重要的地位和作用，在现代化教育教学工作中，应加速网络教学的软件开发能力，从而提高学校的现代化教学水平。

一、网络教育中软件开发的重要性

（一）通过技术更新和支持提高教学质量

在网络教育中进行软件开发，具有非常重要的作用。在网络教育中，对相关软件技术进行开发和应用，能够有效提高教学质量。在网络教学过程中，通过技术更新和支持能够不断的完善网络教学功能，确保教师和学生在使用相关平台进行教学和学习时能够更加便捷，提高整体的教学质量。

（二）利用软件开发技术确保教育系统安全稳定运行

对网络教育进行软件开发，能够有效利用软件开发技术确保教育系统安全稳定运行。在信息技术不断发展的当下，通过不断提高网络教育的软件开发技术，能够有效确保网络教育在开展过程中不受打扰，在复杂的网络环境下能够确保自身安全。通过强化网络教学系统和软件，能够使网络安全得到保障，例如软件技术的实时监测功能，限制身份不明的用户访问，能够实现教育安全，使系统稳定运行。

二、计算网络教育系统的软件开发技术设计

在开发网络教育中软件时，需要有明确的开发思路，明确整体开发目标，在网络教育过程中，对相关教育软件进行开发时必须明确系统开发方向和应用软件内容。

（一）建立系统模型

在计算网络教育系统的软件开发技术设计过程中，首先需要建立与教育相关的系统模型，其模型主要包括中心服务器、代理服务器等。在建立系统模型过程中，需要根据软件开发面向的用户特点，根据网络教育的特点建立具有针对性的系统模型，便于管理员进行高效管理，确保教学能够顺利开展，满足日常教育教育需求。

（二）优化学生教师教学客户端

为提高教师、学生网络教学的体验感，在计算网络教育系统的软件开发技术设计过程中，需要不断优化学生和教师的教学客户端，通过不断优化客户端，简化教师和学生的注册流程和教师、学生的审核流程，提高用户的体验感，同时在优化客户端过程中，需要完善相关的账户、密码保护功能，确保用户使用环境安全可靠，另外在进行网络教学时，学生在使用客户端进行选课时，通过优化选课系统，使学生能够更加快捷的选取适合自己的课程，从而提升学生学习效率。

三、网络教育中软件技术的实际应用效果

（一）开放式教学实现远程教育

在网络教学过程中，通过进行软件开发，能够为实现远程教育和开放性教育提供有效的教学平台，学生和教师通过利用有关的软件技术，登录账户，连接教育平台就能实时或者重复播放有关的教学视频，搜索、储存教学资料，使学生能够随时随地参与到网络教学过程中，通过视频教学、远程教学的方式进行同步学习。

（二）通过网络教学增进互动教学能力

在教育教学过程中，结合软件开发技术能够增进学生与教师、学生相互之间的互动能力。在网络教育过程中，通过结合软件开发技术，借助相关的网络教学平台，引入多种教育软件进行教学，能够增强学生与教师之间的互动能力，在无法进行面对面交流的时候，教师与学生之间能够利用相关的软件开发技术，实现网络教学互联互通，提高学生相互之间的互动交往能力，拓展师生之间的交流渠道。

综上所述，随着我国科学技术和教育教学水平的不断提升，高校在进行教学过程中，通过联合现代化教学设备和教学手段能够有效丰富教师的教学手段，为学生提供多种学习渠道，使师生在教学相长过程中能够共同进步。尤其是在网络教育过程中，通过结合软件开发技术，能够通过技术更新、支持提高教学质量、利用软件开发技术确保教育系统安全稳定运行、提高教学的创新性。

第四节　架构设计在网络教学软件中的应用研究

网络教学软件随着规模扩大，其性能、扩展性、维护性等成为软件的突出问题，而好的软件架构设计恰恰可以提高软件系统的质量，降低成本，使用户和开发者更容易达成一致目标。基于网络教学软件设计开发过程中涉及的系统架构设计选型、设计模式应用、关键点设计等实践中常见的方面进行总结与分析，可以给更多的教学类软件开发者提供架构设计相关的参考。

随着教育信息化的快速发展，远程网络教育得到快速普及与推广，随着网络技术的发展历经变迁，网络教学软件形式从单一的课件展示系统发展为综合性学习平台，其设计从相对普及的单一本地资源设计转变成一种分布式网络软件的设计。就目前的发展现状来看，虽然各种网络教学软件层出不穷，但其系统宏观层次上结构设计的合理性以及系统的健壮性、可维护性、可扩展性却普遍存在很多问题，而这恰恰是衡量一个系统成功与否的重要

标准，是架构设计要解决的问题。因此网络教学软件设计实现中如何进行合理的软件架构设计是值得仔细研究与思考的问题。

一、网络教学软件设计中架构设计的必要性

网络教学软件设计是融计算机软件技术、网络技术以及教学技术等为一体的一项工作，除了最终的功能实现需求以外，还会存在一些用户不会在业务需求中明确提出的非功能性需求，如性能方面涉及的响应时间需求、用户数、并发量、数据存储量等需求，系统的可靠性需求，资金预算，安全需求，运行设备状况等，而这些是需要分析人员根据实际业务需要进行调研归纳的。

在这些需求中，终端用户所关注的一般是需求细化与功能实现问题，技术人员的目标是最终呈现预期的项目给用户。而一个开发团队如何高效协同工作，在实现系统的同时，如何解决并识别好系统的非功能性需求以及技术难点是架构设计要解决的问题。常见的网络教学资源软件设计一般存在以下问题：

系统与用户的适应性管理问题。基于网络教学软件的规模以及用户的非功能性需求，梳理同类或者对标产品，形成体系化结构，以保证系统在功能与非功能方面符合用户的预期需求。同时，做好用户与开发团队的沟通，既要为用户需求设计，也要为开发人员设计。

系统的非功能性设计问题。很多项目为了图省事，经常在项目开发过程还没想明白体量、难点是什么，解决方向是什么，就开始编写代码或者下载代码进行二次开发，等到出现问题再进行整改，这对开发团队来说所付出的代价是非常大的，而对于项目的扩展性以及稳定性也难以保证，所以技术选型以及进行总体代码框架的约束是架构设计中需要着重解决的问题。

高访问、高并发、高数据量是未来网络教学软件发展的趋势，大量用户产生的行为数据如何存储访问以及高峰期大量的并发数据请求压力如何处理是系统需要重点解决的问题。同时，辅助软件的更换以及升级，教学资源需不需要随之进行大的重新配置或者升级是系统运行要考虑的问题。

架构设计工作看似在实际编码开发之前，但作用却可以延伸到软件设计开发的各个阶段，关系整个项目的成败。正如好的建筑需要好的主体结构设计一样，成功的软件架构设计能够全面分析软件系统方方面面的问题，尽早发现并排除项目风险与不确定因素，从不同角度展现要设计的软件系统，提高系统的稳定性、可扩展性、安全性、高效性等非功能性需求。

二、架构设计在网络教学软件设计中的应用

细化各方需求，搭好架构设计的根本。网络教学软件的架构最终目标是服务于需求，由需求驱动。网络教学软件要面对的是最终用户学员，需求方面可能存在学员群体变更导

致的学习需求变更、技术更新导致的交互界面变更、用户数量升级导致的底层数据库扩容升级等问题。所以要充分了解用户需求，设计好系统的业务逻辑架构，基于逻辑需求分析系统关键点与非功能需求关键点，包括功能、性能、行为、设计约束等方面。

架构设计开发架构如何选型，开发规范、数据架构如何搭建，运行架构和物理架构情况等都要进行考量，开发规范、数据架构、运行架构和物理架构在不同企业可能会基于自己的运营以及用户情况进行选择，这些都是架构需求中要进行的工作。这些需求工作的细化有利于我们后面进行开发框架选型应用以及关键构件的识别与处理。

软件架构合理选型，打造精品化产品。网络教学软件一般采用 B/S 结构，在体系设计搭建上一般采用分层插件式体系结构，用户层与底层设计应该采用可以剥离的模式。一般情况下，软件架构选型会基于业界成熟的解决方案，不涉及具体的业务，仅提供软件架构顶层设计，遵循前瞻性、兼容性、可扩展性、可靠性、安全性等原则。选型上以成熟框架级设计模式为首选目标，让设计出来的系统更具有生气，更加容易扩展与升级。

网络教学软件一般采用分层次架构设计方法，通常分为用户表现层、逻辑层、数据层三层，分层的架构最终需要落实到某种程序开发语言上来实现，各种语言以及所对应的框架又有其自身的优势与劣势，也在不同的领域中占领一定的地位，通常会基于预算、系统安全性、开发周期、性能需求、运维成本、运行环境等几个基本方面进行选择，这就需要分析各种语言的优势和劣势，选取合适语言。例如，资金预算中等、工期较短、安全性有一定要求，可以考虑 .NET 框架为首选；如果是安全性要求较高、时间宽裕、资金宽裕、规模比较大项目，java 框架则通常为首选；如果资金一般，规模一般，对性能、分布、时间要求较高，一般选择 PHP。当然，有些系统不排除使用其他语言或者混合语言模式，但对于开发者团队来说要求太高，一般网络教学软件很难用上。所以，网络教学软件设计还是以单一语言框架平台居多。基于语言平台，需要通过合理的框架选型实现项目的模块化设计与解耦。

综合考量关键点，合理选用成熟的设计模式。在分层结构搭建的基础上，对于网络教学软件系统中的关键点还需要进行单独识别设计。如果本身框架模式中已经有的解决方案就可以不再进行设计，直接拿来使用；对于没有成熟设计的，需要基于成熟设计模式编码进行设计。例如，在网络教学软件设计中，在以下场景中就可以应用到单例模式：

（1）单入口登录设计：用户访问只有一个公共的访问点，可以基于这个统一的入口再转发到相应的请求功能代码中。在这个访问点中可以进行集中的安全检查、访问统计等，便于请求分发以及系统的维护与更改。

（2）共享资源访问控制：网络教学软件在高并发情况下必然会出现资源的频繁操作，随之而来的必然是性能以及冲突等问题，如日志管理、配置管理等，如果高并发情况下多实例访问，必然会出现死锁冲突或者操作不匹配问题，所以让此类文件处于等待状态下，以一个实例去操作，就解决了潜在的问题。

（3）数据层方面：大家都知道数据库连接的打开和关闭是一项非常消耗资源的工作，

这种损耗对用户来说是非常不好的体验，对系统来说，也是一种存在风险的不可控性。为了避免资源和性能损耗，在系统设计中，通常采用单例模式设计数据库的连接池或者成熟的数据持久层框架，像 Hibernate 等。

（4）负载均衡分发设计：多并发情况下的视频学习系统，高并发情况下多例模式很容易出现请求分配冲突等问题，其中一种处理方式根据用户请求进行统一的分发设置，分发到服务器集群中的多台设备中进行处理，不过这种应用目前已比较少，反向代理应用较多。

网络教学软件需要面向的用户群体大多处于不同的学习层次，基于不同的用户需求或者学习阶段，可能需要生成对应的场景或者知识点展示方式，就像游戏中对于不同的玩家会生成相应的场景一样，网络教学软件同样如此。这类系统在设计时可以考虑用工厂模式或者抽象工厂模式设计不同的学习组件资源库，基于不同的知识点组合组件库中的资源生成相应的显示界面。这样既实现了系统的松散耦合，又可以基于不同的需求进行不同的组合设计。通过这些设计好的代码模板，一个软件基本的结构图以及基本的构件接口关系图就能够完成了。开发人员基于这些基本的体系架构设计资料进行代码的编写，提高系统的团队协作能力以及系统解耦维护性能。

优化软件架构，破解软件难点痛点。网络教学软件为了给用户一个好的快速的界面体验，常见的表示层设计通常应用 Uip 设计思想或者动态生成思想就是比较典型的优化手法。UIP 将原来单层的表现层分成组件层和组件事件流层，将用户交互与实现分离，但又保持界面内部事务的关联状态，易于维护和管理，这在 .net 开发和早期的 javaSE 开发中比较常见。动态生成思想可以实现灵活的界面配置、界面动态生成和界面定制，对于网络教学软件来说，可以实现针对不同用户需求的界面配置和定制，同时适应一定程度内的数据库结构改动。

作为近几年比较流行的反向代理服务器代表 Nginx，通常部署在服务器目的主机端，主要用来缓冲经常被请求的页面来缓解服务器的工作量，将客户机请求转发给内部网络上的目标服务器，缓解高峰访问时可能造成的巨大压力以及存在的安全隐患，防止服务器瘫痪。

网络教学软件视频播放一般需要合理的系统访问量优化以及伸缩性设计。伸缩性设计在功能实现上无外乎两种，一种是根据功能进行物理分离，另一种是单一功能部署到集群。前者是之前比较通用的，整个系统被部署到一个 Web 服务器和一个视频服务器上，基于不同请求进行分发。后者的负载均衡方式是基于某种规则，如用户 HTTP 请求或者 dns 域名请求等，将请求分发到集群不同服务器上，感知或配置集群服务器数量，实现系统负载的伸缩性设计。

基于以上架构选型、框架设计模式应用以及基本的系统优化设计等方面的工作，网络教学软件的基本框架结构、接口结构等就具备了基本雏形，在此基础上再进行后续的开发工作，系统的稳定性、扩展性、维护性等方面基本可以得到极大保证。

将架构设计切实应用到网络教学软件的开发中，将极大地提高网络教学软件的质量和软件设计各个阶段的工作效能，为学员提供良好的学习体验，需要实践者不断研究、总结、交流才能达到更好的应用效果。

参考文献

[1] 罗燕，辛继湘，邹军．现代诠释学视域中的“教学”新解 [J]. 现代大学教育，2019（5）：8-13，112.

[2] 朱德全，李鹏．课堂教学有效性论纲 [J]. 教育研究，2015，36（10）：90-97.

[3] 曹霞，姚利民，黄书真．论教师、学生、学校因素对高校课堂有效教学的影响 [J]. 大学教育科学，2012（1）：25-31.

[4] 郭晶，王琳琳．“互联网 +”背景下混合式大学英语移动教学模式构建 [J]. 湖北开放职业学院学报，2019，32（4）：148-149.

[5] 张万钧．信息化教育的新利器：微信公众号 [J]. 教育界：高等教育研究 .2019（3）：157-158.

[6] 吴开诚．移动教学探索 [J]. 课程教育研究 .2016（9）：141-142.

[7] 徐晓丽，韩志敏，刘洪涛等．谈在解剖实验教学中网络虚拟实验系统的构建及应用 [J]. 教育探索 .2012（11）：80-82.

[8] 杨挺，李璐钏．高校内部治理中教师权利实现的影响因素分析 [J]. 高等教育研究 .2018（10）：68-74.

[9] 胡建华．基于学生课堂行为的教学质量影响因素 [J]. 大学教育科学 .2019（2）：7-9.

[10] 焦青亮，夏魁良．大数据时代下网络教学平台发展展望 [J]. 智能城市，2016（9）：53.

[11] 许德泓．大学生学习能力达成评价指标体系的研究 [J]. 国家教育行政学院学报，2016（12）：66-71.

[12] 许淑雯，周湘林．高校教学质量问责反馈机制研究 [J]. 中国高教研究，2015（4）：75-79.

[13] 林健．工程教育认证与工程教育改革和发展 [J]. 高等工程教育研究，2015（2）：10-19.

[14] 徐莉，王默，程换弟．全球教育向终身学习迈进的新里程——“教育 2030 行动框架”目标译解 [J]. 开放教育研究，2015（6）：16-25.

[15] 黄存良．《美国国家教育技术计划》解读及对我国思想政治教育的启示 [J]. 中国电化教育，2019（5）：134-136.

[16] 第 43 次《中国互联网络发展状况统计报告》：网民规模达 8.29 亿互联网普及率

59.6%[J]. 网络传播，2019（4）：87-91.

[17] 刘静 . 高校网络教学平台发展的理论意义和现实处境 [J]. 卷宗，2017（30）：209-209.DOI：10.3969/j.issn.1005-4669.2017.30.195.

[18] 段春红，谢妮 . 精品开放课程网络平台建设研究 [J]. 实验室研究与探索，2015，34（3）：228-232，245.

[19] 白朝阳，贺琳，宋林杰 . 互联网 + 网络课程实践教学平台建设模式与策略研究 [J]. 实验室研究与探索，2018，37（1）：218-222.

[20] 薛调，王跃虎，高景祥 . 网络教学平台的发展定位及服务设计 [J]. 图书馆工作与研究，2010（1）：81-84.

[21] 许德泓 . 本科院校推进混合教学改革的影响因素研究——基于福州大学的案例研究 [J]. 中国电化教育，2016（12）：141-145.

[22] 谢维，侯建成，朱志华，等 . 从教育信息化角度研究医学院校“教师评学”评价体系的构建及其实践 [J]. 中国医学教育技术，2019，33（3）：272-274.